冤鬼

地球中心帝國的上訪人

杜斌

目錄

冤鬼
地球中心帝國的上訪人

作者：杜 斌
裝幀設計：馬 榕
出版社：1908 有限公司
地址：香港九龍尖沙嘴北京道 69 號環球商業大廈 202 室
電話：852-23117188
電郵：1908bookstore@gmail.com
發行公司：田園書屋
地址：香港九龍旺角西洋菜街 56 號
電話：852-23858031
出版時間：2015 年 4 月
ISBN：978-988-14195-9-0

書名页
家破人亡
2009 年 11 月 7 日
上海

74 岁的胡小妹和她的 82 岁的丈夫段波平躲在"冤"字后饮泣。此時，他们的 48 岁的兒子段惠民已被政府当局迫害致死，46 岁的女儿段春芳被劳动教养 18 个月，儿子和女儿受惩罚的原因是因为对强制拆迁、劳资纠纷、空難賠償不公等问题进行长达 8 年的上访抗议。胡小妹和段波平上访无果，还遭到政府当局的威胁："你們不向政府投降，我們就要搞死你們！"

在 2010 年 4 月 4 日，段波平含恨而死，距離上海世界博覽會開幕還有 27 天；在 2014 年 11 月 18 日，胡小妹含恨而死。她在臨死前說："如果我能再次站起來，我要上访，要上北京。"

獻給我的父親杜寶賢

永誌不忘您為我、哥哥和妹妹的成長教育而付出的心血與犧牲

Over the past quarter century, China has made one of the most astounding economic transitions in world history. A poor and economically stagnant country has embraced market forces, mobilized its population and created broad prosperity faster than any other major developing country.

But the general rise in wealth has obscured the creation of a society of haves and have-nots, where the environment and social cohesion of the country have deteriorated sharply. China has become a nation of extremes, where great riches coexist with persistent poverty. The comfort and luxury of the well educated, the powerful and the well connected only magnify the everyday plight of those displaced and left behind.

No photographer or journalist in China captures this dramatic disparity better than Du Bin. His photographs not only expose the underside of China's economic miracle. They also document the reality of China's transition, which has depended as much on leeway to seize land, exploit workers, evade laws and abuse the environment as it does on entrepreneurial skills, foreign investment, open markets and a solid work ethic.

The stories of those who seek to navigate their way through China's circuitous and usually frustrating system of appeals and petitions reflect the high price of change, but also the patience, determination and pursuit of justice that have characterized Chinese through the ages. Du Bin's work reveals the human drama behind China's rise.

Joseph Kahn *New York Times*
Winner of 2006 Pulitzer Prize in International Reporting

在過去的四分之一世紀中，中國製造了世界歷史上其中一個最驚異的經濟轉型。一個貧窮而且經濟遲鈍的國家擁抱了市場機制，發動了其所有人口，以比任何一個發展中國家都快的速度創造了廣大財富。

但是總體的財富增長下，掩蓋了社會富有階級和貧窮階級的產生。在這個過程中，自然環境不斷惡化，社會凝聚力也大幅下降了。中國變成了一個巨額財富和持續貧困共存的極端社會。受過良好教育的，享受著特權和豐富社會關係的人們舒適豪華的生活，更突出了在社會轉型中被遺忘的以及流離失所的人們日復一日承受的貧窮困苦。

中國沒有其他攝影師或是新聞記者能比杜斌更好地把握住這種巨大的反差。他的照片不僅反映了中國經濟奇蹟下的另一面，也記錄了中國社會轉型的現實。這種轉型依靠的不僅是企業家精神，外國投資，開放的市場和腳踏實地的工作，同樣也依靠著掠奪土地，壓榨工人，規避法律以及對環境的肆意破壞。

也有一群人堅持在中國迂迴曲折而且常常令人沮喪的上訴、上訪體制中尋找一條出路。他們的經歷不僅展現了這種轉變帶來的巨大代價，也反映了自古至今貫穿在中國人性格中的追求公正的耐心和決心。杜斌的工作揭露了中國崛起背後上演著的人類戲劇。

——周看　《紐約時報》記者　2006 年普利策國際報道獎得主

A man discovers that a police officer has raped his wife, so he goes to the police precinct. He wants justice. Instead, he is arrested. His legs are broken. He seeks compensation but is spurned. Finally, he makes a white, mourning costume and wanders the frigid streets of Harbin. He scrawls a cry for help on his clownish paper hat.

His tale might go unnoticed, except that Du Bin noticed him. Du Bin's searing photograph, later published in Time magazine in the United States, screamed out the injustice that no one else wanted to hear. No one who has seen the photograph can forget it.

Any individual can get lost so easily in China. A Beijing taxi driver, stuck in traffic, will comment that China has too many people, as if a good earthquake or nuclear accident would help ease the problem. The outside world looks at A CHANGING China and sees volume AND A SHEER MASS OF HUMANITY MOVING FORWARD. Du Bin sees individuals, particularly those people crushed by all the change. He is the chronicler of China's dispossessed and maligned.

He visits the squalid, ramshackle section of Beijing known as the 'petitioner's village,' the illegal home of peasants flowing to the capital to file complaint petitions with the government. Their effort is wasted, as few get help. They have lost land to corrupt officials or lost a loved one to an inept doctor. The weight of so much misery grows heavier by the week as more people arrive with new problems.

But Du Bin keeps going back. His photographs are a record that will help insure that history knows the full story of what happened in China amidst so much change. He is in rural Henan Province to witness the funeral of a man who died from drinking polluted water. He is at the dusty clay home of a father in Gansu Province whose son was secretly executed.

China is about volume. There are 1.3 billion people here, and they are changing the world. But thanks to Du Bin, the outside world can see their faces and remember THOSE WHOSE STORIES OTHERWISE would NOT BE KNOWN.

Jim Yardley *New York Times*
Winner of 2006 Pulitzer Prize in International Reporting

一個男人發現他的妻子被一名警察強姦了,於是他跑到警察局去想要尋求公道,可是換來的卻是被逮捕。他的腿被打斷,他尋求賠償卻被置之不理。最後,他為自己做了一身白色孝衣,在哈爾濱寒冷的街道上遊蕩。在他小丑式的紙帽子上塗著一個"冤"字。

若不是杜斌注意到了他,他的故事可能就不會為人所知。杜斌拍下的那張震撼人心的照片,後來被發表在美國出版的《時代》雜誌上,為這些沒有人願意聽的不公義尖銳地發出控訴。看過這張照片的人都無法忘記。

在中國任何一個人都可以輕易地消失。在北京擠塞的交通中,計程車司機總會抱怨中國人口之巨大,好像恨不得來一場大地震或是核武器事故能幫助解決問題。外界看轉變的中國,看見的是幅度和一大群向前走的人類。杜斌看見的是個人,特別是那些被不停地變化擊潰的人們。他是中國被剝奪了權利和被社會排斥的人們的見證人。

他經常走訪北京一個骯骯髒髒破敗的角落,一個被稱為"上訪村"的地方。那裡是全國各地漂流到北京來申冤的農民的家。大多數上訪人都白費努力,只有極少數能獲得幫助。有的人因為官員腐敗失去家園,有的因為庸醫當道失去了摯愛親人。上訪村中的人間苦難隨著上訪人源源不斷地到來每週都在增長。

然而杜斌老是往那裡跑,他的照片是一個記錄,確保巨變中的中國發生的另一面故事成為歷史的一部分記載下來。他在河南農村見證過一個飲用被污染的水而死去的受害者的葬禮,他也在甘肅的一個土窯裡造訪過一名兒子被秘密處決了的老人。

中國的故事是數不盡的。這裡有十三億人,而他們正在改變著世界。但感謝杜斌,是他讓外面的世界看到了這些面孔,記住了這群人的故事。沒有他的照片,這些故事或許根本不會為人所知。

——楊金新 《紐約時報》記者 2006 年普利策國際報道獎得主

鹽醃的法律
2002 年 12 月 3 日
黑龍江省伊春市

38 歲的清潔工于振洋（右一），與他的親屬一起潛入深山裡，到 36 歲的妻子周紅霞的屍體秘密埋藏處撒鹽和澆鹽水。周紅霞在 1987 年 8 月 15 日被執法者傳訊後失蹤。在五個月後，有人發現周紅霞死在離派出所十五米遠的男廁所坑池裡。法醫稱是自殺溺死，但无法解释尸体上为何布满伤痕。而執法者多次上門催促火葬屍體，令于懷疑妻子是被謀殺。他拒絕屍體火葬，用食鹽醃著，偷偷埋在深山裡。

數年來，每週若干次，在埋屍的土壤之上撒鹽，是他和親屬對周紅霞的唯一的悼念方式。執法者欲毀屍滅跡，但搜遍滿山未獲。執法者警告于振洋："你犯下了盜屍罪，一定要判你的刑，叫你有來無回。"

"什麼是法西斯，這就是法西斯"

2005 年 11 月 16 日，49 歲的李桂榮，站在北京一個公園的普法雕塑前。牆上鐫刻著"依法治國，建設社會主義法治國家"。這句話已被中共寫進憲法。

我是吉林省遼源礦務局職工，已上訪九年。我的丈夫汪茂林在 1994 年工作中摔成重傷，醫生受人指使超劑量用藥造成嚴重後果。為獲取安全生產獎，局長編造偽證上報，還以破產為由大肆騙取巨額國有資產。我反復舉證，省政府派人調查一年時間，也沒查出結果。我卻被以"擾亂企業治安"罪名多次刑事拘留；告這個局長，他就報復我，說我報假案。我被兩次勞動教養、兩次送進精神病院。

地方政府恨我上訪，因為抓不到我，就把我的小女兒關押在福利院。小女兒至今十歲了，還不讓上學，每天與智力殘疾兒童為

伴。孩子嚇得門牙也磕掉了，現在都不會笑；大女兒繳不起昂貴的學費，只得在伙食費中節省；為懲罰我上訪，官匪勾結，將我丈夫的肋骨打斷，因為他們抓不到我。我一家四口人，受盡了人間的侮辱。

我在勞教所裡，給我用酷刑。上死人床，是刑床，把人吊起來，戴上手銬，用皮帶綁腳。銬在死人床上受電刑。那電流特別大，電走到心臟的時候，豆大的汗滴子就下來了。心臟一抽一抽的，將近一個小時，電得我剛開始吐白沫，後來都吐血，再後來就昏迷了。

我絕食抗議十六天后昏迷。等再睜開眼時，我全身的衣服已被扒光，下身掛著導尿管，上面打著點滴。六、七個男執法者在一旁瞪著我……他們說我是精神病人，要把我滅口。

曬太陽

2002 年 11 月
湖南省藍山縣

"天放晴了,孩他呀呀(湖南方言,是爸爸的意思)我們給你曬太陽來了。"農婦李竹姣說。
她的兩個孩子揭開鋪在土坑上的塑膠紙。裸露出一口臥在木凳上的深黑色的棺材。木凳四條腿已被連日來纏綿的秋雨淹沒。
在成群墳墓的映襯下,這副被花圈和親人護衛、尚未掩土下葬的棺材多少顯得有點"人氣"了。

李竹姣說，她的丈夫譚健生因為家庭瑣事糾紛被本村一個男子用鋤頭挖死。湖南省藍山縣委、縣政法委、縣公安局等部門"靠錢做工作"：讓兇手家拿出一萬元錢償命。法院隨後在判決書中稱：(兇手)能積極賠償……判刑十五年。
'兇手故意殺人，應血債血還。"李竹姣說。但四名警察上門警告："屍體污染環境。你們要不埋，公安局就來人埋。"
縣公安局強迫李竹姣與兇手家簽下一份協議書："安葬死者後到藍山縣公安局領取(兇手家的)一萬元安葬費。不得再挑起事端，否則後果自負。"
'孩他呀呀，你說我們究竟咋辦呢？"李竹姣哭喊道，"我們再繼續上訪告狀就要被抓了，你好壞給我們句話吧。"

一無所有

我們挖一個墳墓在空氣裡讓你躺著不會太擁擠
——保羅・策蘭 《死亡賦格》

法國軍事家與政治家拿破崙・波拿巴在十八世紀說,中國是睡獅,一旦醒來,將令世界顫慄,不但會成為世界的中心帝國,而且還是"天生帝國命"。虛弱而傲慢的中國,一直藏匿著打造超級帝國的原始衝動。

現在,拿破崙的預言終於成真了。中國,人類寄居的這顆星球上占世界人口五分之一、文明盟友稀缺的強權,已是集眾多名號為一身的超級帝國:政府三公(出國出境費、車輛購置及運行費、公務接待費)支出超級帝國;官員數量超級帝國;官員貪腐超級帝國;官員對外移民超級帝國;環境污染超級帝國;有毒食品超級帝國;失學兒童超級帝國;上訪人數超級帝國;維穩開支超級帝國……等等,超級帝國的名號數不勝數。

無可置疑,其中令中國彪炳史冊的,或許就是其為自己量身打造的上訪人數超級帝國了。

1

北京是掩埋絕望了的上訪人的墳場。

儘管在中華人民共和國的版圖上找不到臭名昭著的北京上訪村，但長年跋涉在大大小小共產黨官僚中的上訪人，完全知道村莊的坐落方位：它位於北京永定門幸福路周邊。黨中央政府機關接待上訪人的辦公室大多設在附近。聚居的上訪人多了，形成自然的村落，於是被稱為上訪村。上訪村本身即一件恐怖和邪惡的殺人刑具。這是整個國家沒有脫貧的地方。所有的廢墟都種植在臉上；在這裡，每天都聚集著一群又一群不幸福的人。而且成千上萬張嘴只會喊："冤。"

他們是從中國各個角落蜂擁而來申訴冤情或抗議請願的人，被通稱為上訪人。所謂上訪，相信是一項鮮為外國人知的中國特色。早在三千年前中國的周代（西元前 1134 年——西元前 247 年），已有史書記載關於上訪的紀錄了。今天這種制度仍然存在。中共自 1949 年奪取政權以來，上訪不但沒有消亡，反而被發揚光大，愈演愈烈。它其實是指民間百姓對一些無法解決的不滿情況，向上一級或中央政府申訴、尋求合理解釋，或希望透過掌權者的額外作為得到解決的一種行為。它被解釋是補充國家管理制度"不善"的一種方式。

這種制度的存在，建基於幾項必要條件：非公民社會。人民沒有選舉領導人及影響政策的權利；人民相信政府官員是高高在上的"智者"或仁慈的"父母"。相信腐敗不是制度的問題，地方以外必有"青天"；它是一種行政手段，只有缺乏完善法律制度的國家或社會才會如此普遍的存在。

歷經歲月和制度的磨難（煉），上訪人大都臉頰深陷，眼睛突出，雙眸中閃爍著一種異樣的光芒。他們背著大大小小的包裹，裡面藏有被他們視為比生命還重要的申訴冤情的材料。這是一個個傷心的故事。當中包括家庭糾紛、幹部貪汙腐敗、地方當局野蠻圈地、酷刑、基層民主、司法不公、無產階級文化大革命後遺症、地方發展強迫遷徙、殺人命案等。

這是一群作繭自縛的囚犯。整日整夜地疾走哀號。什麼都不會得到。反而會失去更多。在中共腳下哀號的上訪人，為自己的國家而戰，挺不過去的就死了。而這是他們得到的唯一的報答。"我們想要的東西，"一個寄居上訪村二十年之久的上訪人說，"國家（中共）一樣也不會給我們。"

2

在中共眼裡，上訪是一種影響社會穩定不能容忍的嚴重罪行。上訪人是政治衛生的天敵。

上訪人赴北京請願抗議，影響地方官員晉陞的政績。地方當局視他們為"高危上訪人"，輕則關押十天半月，重則送進精神病院監禁至死。還動用執法者截訪、法制補習班、黑監獄（法院授權之外、據官員個人喜好而設的秘密監獄）、勞動教養所、監獄、焚屍爐等野蠻方式來阻斷上訪人的哀號，甚至以"準備上訪"罪和"敲詐勒索政府"罪將上訪人送入監獄。但黨中央的政策則是把問題解決在基層，杜絕上訪。往往把上訪人的申冤推送回原籍，或將其強制收容遣送回去，判刑入獄，或被無限期秘密關押，直到簽署息訴罷訪承諾書才被允許回家。

中國憲法明文規定，公民"有向有關國家機關提出申訴、控告或者檢舉的權利"，規定上訪是公民合法的權利。但更多的上訪人說："看得見的，是成堆的法律文本。但我們卻始終看不到，自己應該享有的權利。"

3

上訪人的生命，在掌權者的謊言和推諉中消磨殆盡。

在我接觸到的上訪人中，有人上訪"戰鬥"了五十一年，還在繼續；有人上訪十五年間，僅最高法院信訪辦即"拜訪"了兩千零一十八次，仍無濟於事；有人被一個信訪辦以無理上訪為由強制收容遣送了一百五十二次；有人上訪途中丟了老伴，甚至被迫失蹤;有人上訪途中遭到掌權者的性侵犯和性酷刑;有人上訪六年,被掌權者製造車禍滅口;有人在絕望之下,在北京天安門廣場引火自焚,以死抗議。

掌權者蜷縮在殼裡,假裝聽不見上訪人那震耳欲聾的哀號聲。

國家信訪局高級官員公開承認:在當前群眾信訪特別是集體訪反映的問題中,百分之八十以上反映的是改革和發展過程中的問題;百分之八十以上有道理或有一定實際困難和問題應予解決;百分之八十以上是可以通過各級黨委、政府的努力加以解決的;百分之八十以上是基層應該解決也可以解決的問題;上訪人百分之八十是農民;百分之八十的問題發生在基層;百分之八十是基層不作為所致。國家信訪局在西元2004年公佈:信訪數字是每年一千萬件,上訪人的數字每年則超過五十萬人次。但據《中國青年報》著名調查記者盧躍剛的估計:上訪人數和上訪案件,真實的數字應是公佈數字的二到三倍,即每年約有一百萬到一百五十萬人次上訪,兩千萬到三千萬起上訪案件。這麼多的上訪人數和上訪案件,有多少能獲得公正解決呢?據中國社會科學院研究上訪問題的研究員於建嶸的調查結論為:僅千分之二的上訪人問題能獲解決。

但據我十五年間的近距離謹慎觀察,千分之二的比率仍顯偏高。我所接觸到的無數上訪人的案件中,得到"解決"的也不過數人。而這種"解決"也是掌權者迫於外部壓力(上一級政府或者輿論傳媒而非上訪人的努力),以恐怖和狡詐的手段奪取的戰果。

4

上訪人的問題為何久拖不決?

中國政法大學教授蕭瀚,把上訪人視為"中國的司法難民",並認為上訪制度是"制度性欺騙",是中共維護政權不垮的工具。

醫療事故上訪人蔣維秀,似乎已經深深明瞭這一點。她是四川省農民,31歲,父母親都是殘疾人。她因人工流產手術造成肢體殘疾、無人承擔責任而赴京請願。掌權者在全國人大信訪辦公廳信訪接待室,把她打得"後半生只能貼著地爬行"。

她在西元2006年4月4日給我打電話,轉述國家信訪局一位高官警告她的話:"國家設立信訪辦,就是要讓你們跑來跑去的。"這位官員的言下之意是:如果真正解決了上訪人提出的問題,信訪辦就會失業,那麼中共執政的合法性將不復存在。共產黨從來不會準備審判自己的法庭。

中國眾多的法學專家認為,乃是因為一黨制下的司法制度中缺乏獨立、統一、完整的司法權。信訪部門的批示,不僅沒有法律地位,還是絕對服從於政府指令的一個小行政機構。對上訪人的問題只有傳達的責任,沒有解決的權力。

當司法制度缺席,即使上訪人付出超乎想像的努力與犧牲,也不一定能夠獲得其所想像中的正義。

5

上訪人奔走在自己的葬禮上。身輕言微,只能被迫走向極端。

有人將含冤而死的親人的頭顱割下提著上訪,期望能得到重視,卻被勞動教養;有人苦練武功,寄望於自己能代替執法者;為自己復仇;有人把自己武裝成人肉炸彈,與執法者甚至政府高官同歸於盡;有人到天安門廣場撒冤情傳單,立即被警察拘捕;有人裸體到天安門廣場喊冤,借此來羞辱中共;有人去毛主席紀念堂瞻仰毛的遺體,卻趁機下跪喊冤;有人衝闖共產黨最高掌權者的辦公地中南海,或正商談國是的人民大會堂高聲鳴冤,不是被勞教,就是被下獄;有人攔截中央首長乘坐的車輛請求給其案子寫"批示"(即享有特權的上級,命令下級絕對服從的書面意見),反而被地方當局強送精神病院,或勞動教養或下獄;有人到台灣國民黨執政的總統府,控告共產黨執政的中華人民共和國政府的暴行;甚至到美國駐北京大使館、聯合國駐北京辦事處、中國駐境外使領館、美國白宮的網路陳情系統、紐約聯合國總部上訪……

請看看北京市上訪人白振俠的努力吧。41 歲的白振俠的店舖遭到北京市當局的強遷。他越洋過海來到美國紐約的聯合國總部上訪。他先後"拜訪"過中國駐華盛頓大使館、洛杉磯領事館和紐約領事館。請它們向中共政府轉達訊息，得不到理會。他在聯合國廣場絕食十二天，但仍被聯合國忽略。"聯合國是地球上的一個國際社會，我來到這是想求得國際社會的一種關注。我最終的目的是想看看這個地球上所謂同情、公正是否還存在。"白振俠在聯合國廣場上對新聞媒體說，"但是到現在我沒找到，至少現在還沒看到希望。"

白振俠絕望之下，試圖刎頸自殺。但好心的紐約警察阻止了正在自殘中的他。"可能個人的事情對於這個世界來講太微不足道了，像一粒塵埃。但是這個世界是由每一粒塵埃組成，"他說，"如果每一粒塵埃的公正不存在，那麼這個世界的公正在哪裡呢？"

是的，這個世界的公正究竟藏在哪裡呢？

中共早已給出答案了。2001 年 2 月 5 日，中共中央政法委的喉舌《法制日報》披露了這一"喜訊"：四川省安嶽縣農民劉福民妻女被人拐賣。找到執法者，請求懲罰罪犯，卻屢遭暴打。上訪超過十年，終於打動了掌權者。縣政法委書記、公安局長、法院院長分別在他的上訪材料上批示："到銀河系找外星人解決。"

外星人的沉默，始終讓人類——做為進化歷史並不長久的物種——自感羞愧。天文學家尚未發現銀河系有智慧生命存在的痕跡。但天文學家據科學測算認為：在銀河系中，可能存在著二百個地球這樣擁有智慧生命的外星人的星球。而且最近的那顆距離地球有一萬五千光年。即人類乘現有的最快的航空器至少要十萬年才能到達。但從來無人質疑劉福民——被共產黨淘汰為兩條腿走路的畜牲——不能活十萬年。值得冒險一試。銀河系似乎是地球上正義的誕生地。

過去所有犧牲在請願路上的上訪人們，都會聚攏劉福民身邊，將陪伴著他，希望都繫在他身上了。後來，劉福民下落不明。他或許已向銀河系進軍了。

上訪人徒勞地踩痛地球表面上的每一寸陸地，都無法找到他們的蓬頭垢面的正義。正義似乎已死了，或許還沒誕生。

6

所以，在北京，尋求正義的途徑越來越渺茫了。

2014 年 4 月 23 日，中共國家信訪局首次出臺專門檔《關於進一步規範信訪事項受理辦理程式引導來訪人依法逐級走訪的辦法》，來規範信訪受理程式，將在 2014 年 5 月 1 日開始實施。這份檔規定六種情況的信訪不予受理：一是屬於人大、法院、檢察院職權範圍內的來訪事項；二是對跨越本級和上一級機關提出的來訪事項，上級機關不予受理；三是來訪事項已經受理或正在辦理的；四是對處理（復查）意見不服，未提出復查（復核）請求而到上級機關走訪；五是對處理（復查）意見不服，無正當理由超過規定期限未請求復查（復核）的；六是已經審核認定辦結或已經復查復核終結備案的。

中國信訪局副局長、新聞發言人張恩璽稱，出臺規範信訪受理程式，是為了"引導群眾的合理合法訴求得到及時就地解決"。

檔正式公佈後，社會輿論譁然：有法學專家認為，這將讓上訪人從此"更加告狀無門"了；有媒體評論說，這"是就此斷絕了老百姓到北京告禦狀的途徑"；有線民在社交媒體上質問道，"如果現在地方官僚能公正處理，老百姓怎麼會上訪？如果地方有法律，老百姓還要進北京？"；有上訪人說，"這個意見的出臺很可惡，也就是地方的三級終結後，國家信訪局就不再受理了，包括冤假錯案在內。這其實是對訪民強力打壓的伏筆，下一步肯定打壓加劇，他們已經把訪民列為他們的敵人了。"

一位陳情已超過十年的上訪人，已經知道越級上訪將會面臨著什麼。為了他的安全，需要隱匿他的姓名。他的一位親戚在政法系統供職，這位親戚私下告訴他，每年無以計數的上訪人趕赴北京找國家領導人"鬧訪"，讓中央各部委職能部門焦頭爛額，也給國家政治和社會層面帶來了難以估量的負面影響。於是，國家信訪局出臺了禁止越級上訪的規定，必須"將維穩的壓力控制在地方"。為此，中央政法委專門制定下發了相應的政策檔，要求全國各級政法委監督公檢法部門，制定快速處理越級上訪人的方案，要求"從立案、起訴到判決要從重從快"，並對不夠判刑的越級上訪人採取判輕罪、監視居住或拘役等措施，並且對越級上訪人要"嚴厲打擊"進行"震懾"。

中國時政觀察作家羽談飛憂慮中共嚴厲打擊越級上訪，將讓更多上訪人陷入無望的絕境。"上訪，無疑是人類星球發展到今天還尚存的一件中世紀皇家文物，"他在一篇文中寫道，"它，僥倖完好地保存在唯一的神奇國度，這個國家叫'中國'。"

當中共將暴力維穩作為國策和以踐踏自己所制定的法律日常化之後，上訪人越級陳情的管道和所有的司法救濟管道從此被堵死了。從此，震耳欲聾的哀哭和堆積成山的冤情面對的是一堵牆。

自焚和殺戮遍地開花。自焚者和屠戮者受到社會輿論的同情而非譴責。對每年維穩經費已超過軍費開支的中共來說，這意味着它將发动一場永無勝算的"人民的戰爭"。

7

中共對上訪人的正義的欠債早已超過了它的償還能力。

每名上訪人，都是一份控告書，都是發給中共上訪制度的驗屍報告。

上訪制度像鞋，上訪人像腳。掌權者把鞋扔向窗外，然後提醒上訪人：把自己扔向窗外，邊扔邊用腳套那鞋；腳套上了鞋，算你撞上大運了；鞋和腳各忙各的，那只能怨恨自己命苦。所有的腳都追蹤著鞋子滿天飛。爭先恐後地飛。

但腳只是鞋子的影子。這個影子裡埋伏著整個中共的險惡：一個深度糜爛且只能依賴將自己拴在警察、監獄、槍彈、裝甲車和坦克戰車的褲腰帶上苟活的政權，必須以謊言和恐怖來凝聚整個國家。

8

上訪路是死路。

其實，我也是一名上訪人——為上訪人而上訪。我上訪的職責是將中國上訪人不堪的生存狀況呈現在世人面前。我之所以耗費十五年的光陰，以攝影機追蹤這一古老的群落，為人的靈魂看一些事情，緣於一位觀察上訪人二十年之久的傳媒人的一句話。

西元 2000 年末，中國《工人日報》資深編輯吳琰在編輯我的一個關於上訪人的故事時，深有感觸地告訴我："上訪人是綿延幾千年、至今仍然活著的別樣的文化化石。"

在此後數千個急促而又暗黑的日夜裡，我有幸親身見證了無數上訪人生與死的悲涼。我什麼都看見了。然後，我什麼都看不見了。

這些稍縱即逝的照片瞬間，詮釋了這顆星球上一個超級強權處於人類世無可言說的哀慟、淒涼、灰燼的末日圖景。恰如中華民族史研究學者史式在其著作《古來冤案知多少》中所说："歷代王朝的所謂的'法律'，實際上只規定老百姓應該遵守什麼，應該做到什麼，如不遵守，如做不到，就該如何處罰。……是產生冤案的溫床。……年年、月月、日日、時時都在產生冤案。……因此，在歷代王朝中，不僅人間冤案如山，冤獄遍地；連陰間也有枉死城，專門收容含冤而死的冤魂冤鬼，而且經常鬼滿為患。"

9

每個上訪人都知道，他們的對手，是一個殘忍且不人道的政權。但超過百分之九十的上訪人，明知無望，仍滯留北京。因為他們一旦開始上訪，就已有家而不可歸了，上訪起碼給他們一個生存的理由。

上訪人開始是為冤情而上訪。後來冤情慢慢淡化，上訪本身轉而成為主要目的。有的甚至成為職業上訪人，協助其他人上訪。

事實上，當上訪人邁到請願路上時，就一點一點地把自己丟失了。最後，每個人罹患"尋求正義導致的神經疲勞症"。他們的每個感覺器官全部扭曲變形了。

即使如此，人類司法史上也不會留下司法黑暗對他們的羞辱，他們也不會影響世界任何一個角落的歷史進程，地球也不會為他們沉沉地喊一聲冤。

上訪人把自己橫死在北京稱為"勝利凱旋"。我曾經目睹數名先後死在北京的上訪人，他們不是死於自殺，就是死於謀殺。結局總是驚人地一致：首先執法者趕來，然後運屍車趕來，最終上訪人被趕進焚屍爐。至於姓甚名誰、原籍何處，掌權者不感興趣。上訪人的冤情與人一起化為灰燼了，而家人仍然堅信他們正在北京打撈正義。

10

在深不可測的暗夜裡，上訪人死了，硬化在共产党的胃裡。連空氣都不會為他（她）們響一下。

"上訪之路是通向萬人坑的不歸路。一上訪就是無期徒刑。"一名身經百戰的上訪人說，"最後餓死、氣死、病死、凍死或自殺，上訪人也就從此得到勝利了。"

中共獨裁者毛澤東說得好："下定決心，不怕犧牲，排除萬難，去爭取勝利。"

對上訪人來說，時世艱難，他們遇到的這點小坎坷算得了什麼呢。

冤鬼遲早要前來親愛的首都報信。

在上訪人中，永生永世流傳著這樣一句話："死在北京，自然結案。"

北京上訪村

"每個來北京上訪村的人，都會看見，被中共背叛的這群人——上訪者。他們是地球上適應惡劣環境、生存能力最強的人。也將是地球上馳騁戰場、剩下的最後一批人。"

杜斌
《上訪者：中國以法治國下倖存的活化石》，香港明報出版社，2007 年版

2018 次"拜訪"

2001 年 11 月 13 日
北京上訪村

"天子腳下最黑暗了。有冤無處喊,"鄭國良哭泣著說,他的家離上訪村不遠。"攤上事你就會知道有多難了。"

71 歲的他,是北京市化工設備廠退休工人。他的兒子鄭春明因為患肝炎,到北京一家醫院治療,被醫院當作胃穿孔開刀,造成患者死亡的重大醫療事故。

他說,是除了鈴鐺不響、哪兒都響的自行車,馱著他在北京的信訪辦"上竄下跳"。他還說,上訪十五年,僅最高法院信訪辦,他已"拜訪"過兩千零一十八次。每次請願,他都會跟成群的上訪人紮堆,聆聽他們是否有解決問題的良策。他覺得上訪路可能這輩子要走到黑了。

地球上僅存的上訪村

2003 年 2 月 13 日

北京上訪村

關於北京上訪村的起源，我們所知甚少。但北京永定門火車南站鐵道旁的"居民"——上訪村成百上千的上訪人可能會說，一夜之間就在高樓大廈的盲區崛起了。他們每天成群結隊外出砍伐陷阱密佈的法律，同樣起勁地砍著執政者的喉嚨。"我們想要的東西，"一個寄居上訪村二十年的上訪人說，"國家一樣也不會給我們。"

國家的賠償

2002 年 4 月
北京上訪村

54 歲的孫偕文和他的老婆以及三個孩子在他的家裡。他是山東省郯城縣農民,地主成分(為中共天然的社會公敵,需要嚴加管束以致剷除的)。在毛澤東發動的無產階級文化大革命(1966 年——1976 年)和鄧小平的改革開放中被冤獄十八年。他唯一的收穫,是在上訪途中撿來的老婆和三個孩子。"老婆和孩子就像擺在自己屋前的這成排的鞋子一樣,都是從垃圾堆裡撿來的。"他說,"像是國家對我冤獄多年的賠償。"

刀山火海
2009 年 5 月 11 日
北京上訪村
在中共中央、國務院、全國人大辦公廳信訪局進出口，成群結隊的北京執法者，嚴密監視著從全國各地趕來抗議的上訪人。攔截上訪是黨和政府維護政權不倒且壓倒一切的國內戰爭之一。當然，地方執法者也會赴京抓捕上訪人。這是發生在一個有著正式憲法，一片歌舞昇平，所有法律都在起作用的時候的故事。

有來無回
2009 年 5 月 11 日
中共中央、國務院、全國人大辦公廳信訪局
圍而殲之。成群結隊的北京執法者在進口外迅速拉起警戒線。將前來靜默抗議討要血汗錢的農民工包圍且強行帶走。為數不少的上訪人稱：執法者偶爾會把捕獲的上訪人以高價出售給地方政府。地方政府儘管破費了錢財，但還千恩萬謝，並對北京執法者捍衛黨和政府的維穩工作念念不忘。

最高法信訪辦的"冤牆"
2004 年 1 月 16 日
北京上訪村
一名四川省南充市的上訪人，大膽塗寫在最高法院信訪辦牆壁上的冤情。她因官商勾結、野蠻拆遷而上訪。她在牆上哀號："腐敗害死我家兩條人命；流浪失所九年無人問；上京告狀十八次；上省城告狀二百餘次；層層批轉，到市區告狀喊冤兩千餘次無結果。"

人形蝸牛
2001 年 2 月 17 日
北京上訪村

蝸牛可能是跟他學來的看家本領：無論去哪兒都馱著自己的家。60 歲的苟克福，在 1977 年擔任新村支書時遭到原任村支書的報復。"我的一隻胳膊殘廢，黨籍被開除，"他說，"他們還威逼我必須從會吃娘奶時開始交代問題。"

他的父親因此被氣死。母親撞車自殺。他終生未婚。"沒嘗過女人的滋味。"上訪二十七年。他請求黨中央派人去"消滅弄虛作假"。但"信訪辦都把我當瘋子了"。

五十一年的家仇國恨

2002 年 8 月
北京上訪村

謝水泉，70 歲。來自河南省鄭州市。原為煤礦工人，現為無業遊民。上訪五十一年。"我從 1951 年開始上訪。因為房屋和墳地被本村惡霸霸佔。活人沒地住，死人沒地埋，全家十八口人在外流浪。1965 年開始進京告狀。三代人迫害四代人。越告對方升得越快。聽說，對方家有一個人，早就坐上縣公安局龍頭老大的位置了；解放前，我是在舊社會苦水缸裡泡大的苦孩子，是党和毛主席救了我。但現在呢？我是天不收地不留的無業遊民。中國人民都已解放五十三年了。如今，我家正等待'解放'。我要求回原單位上班，來報答黨的恩情。如果不必要，那就算了。一個中共黨員怎能被這點困難所嚇倒。"

31

最後的麻煩

2002 年 1 月

中共中央辦公廳、國務院辦公廳信訪辦

信訪辦上班，她就去"上班"。

郭華(中)，50 歲，黑龍江省綏化市職業上訪人。

她先為父親喊冤，再為弟弟叫屈。據說她的父親在 1975 年被人殺死，兇手是一個縣長的親兄弟，法醫作偽證包庇殺人犯。而她的弟弟則在為父親奔走上告中被人謀殺。

上訪二十七年。她曾經大鬧公安部、攔中央領導車下跪、到天安門廣場撒冤情傳單、裸體沖闖中南海。"能使的招都使了，"她說，"案子和我就像死了。"

她已提前買好裝殮自己屍體的"壽衣"。她認為她提出的問題國家不給解決，但她要是在上訪中死了，國家肯定不會再推辭了。"拽到火葬場一煉，"她說，"國家永遠不會討厭這樣的小麻煩。"

32

偷偷一瞥永不見底的靈薄獄
2002 年 9 月 13 日
全國人大辦公廳信訪局上訪接待室
在敵人的心臟裡。上訪人在忙碌地填寫上訪登記表。這些上訪人僥倖避開了地方政府和北京執法者的追蹤和截訪，來到了代表國家最高掌權者意志的聖地。但他們幾乎百分之百被告訴要回省裡才能解決，而他們正是因為省裡不給解決才來的北京。儘管希望微乎其微，但上訪人還是願意到此一哭。"不來這兒，還能去哪兒呢？天下烏鴉一般黑。"一名上訪數十年的上訪人說，"就把死馬當作活馬醫了。""老百姓確實很苦。"全國人大常委會辦公廳信訪局上訪接待員孫岩說，他每天看到視窗外上訪人期待的目光就感到心頭沉甸甸的。"一些冤情令人震驚。"

走百里走千里，人民法院騙人民

2002 年 9 月 6 日

北京上訪村

每個人都是一個自生自滅的國家。陝西省道士扈法靈，78 歲，請別人保管的兩千五百元錢討要不回，訴諸法院。法院判決，但一拖三年不予執行；跳出三界外，不問世間事的老道士，一生第一次進京上訪。他在上訪村受到上訪人極高的尊敬。老道士拿到信訪辦給地方開的催辦函，歡天喜地走了。"那催辦函在地方眼裡不過是一張廢紙。"一些上訪人歎息說，"老道士不久就會再趕回來的。"

以肉相搏
2004 年 10 月 16 日
北京上訪村

蔣維秀(右)，29 歲,四川省安丘縣農民,父母親均為殘疾人。她被人騙去肉體,人流手術造成肢體殘疾,無人站出來承擔責任。上訪 4 年;王永紅(左)，36 歲,遼寧省大連市農民。她的母親則是被人預謀殺害,當局卻推託責任不給受害家屬一個合理的答案。上訪 15 年。

她倆均未婚。她們始終堅信自己提出的問題會得到解決。在她們身旁,"最高人民法院人民來訪接待室"的告示牌被上訪人暗地裡用油漆塗改成"最反人民法院反民來訪接待室"。

據上訪人私下說,王永紅主動把自己的肉體"獻"給了當地來截訪的警察,下落不明;而蔣維秀則哭自己是個"廢人"。

卸磨殺驢
2002 年 10 月
北京上訪村

他來自遼寧省新全縣,是解放中國和
北京城的革命軍人之一。

他在 1946 年參加八路軍抗戰。在戰場
上,曾經成百上千次衝鋒陷陣,從未失
手;兵荒馬亂的日子,還沒掛軍功章的
光景長。嘴上沒毛的老八路,已過度到
耳聾眼花。"我叫王義國,79 歲,共
產黨員,"他像 1949 年入黨宣誓時般,
激動地訴說著他的上訪理由。"如今,
年歲已高,老伴已不在,生活上有些
困難不能解決,要求有關部門給予答
復。"

他戴著這些軍功章挺進信訪辦。上訪
人直豎大拇指,誇他是個戰功赫赫的
老革命功臣。信訪辦告訴他"北京這邊
使不上勁",要回省裡才能解決。而他
則是因為省裡不給解決才來的北京。
這一次,老八路失手敗給他曾用槍佔
領過的地方——北京。

37

八十五元要了一條人命

2002 年 6 月 13 日
北京上訪村一地下通道

53 歲的農民胡理明，來自重慶市雲陽縣杉灣村，他的妻子因八十五元山區扶貧利息欠款而被羞辱自殺。他拖著 5 歲和 2 歲的兒子，赴北京陳情。赤腳上訪七年，只剩下一肚子的哭聲。"八方喊冤，"他說，"為何無人管？"

"沾"了國家主席的光

2003 年 6 月
北京上訪村

原籍陝西省西安市鐵路職工李慧琴，58 歲，已上訪四十年。在 1969 年，文革橫行的年月，她被"造反派"捏造成社會主義國家"最危險的階級異己分子"。而在太平盛世的今日，她卻被信訪官員斥罵是社會主義國家"老不死的上訪釘子戶"。

在文化大革命期間，她奉命執行黨組織安排的"政治使命"——陪到西安視察的國家主席劉少奇跳了一次舞。後來，劉少奇出了事（1968 年 11 月 1 日，在中共中央委員會第十二次全體會議上，中國國家主席、最有希望接替毛澤東位置的劉少奇，被毛的支持者指控為"叛徒、內奸和工賊"，並被開除出中國共產黨。而他是中國共產黨的創始人之一），她也遭了殃，揪鬥審查，關押十年。冤假錯案被平反後，政府給她的賠償待遇受到克扣。她到北京鐵道部信訪辦上訪時，又被自殺的上訪人引爆的炸彈炸傷。她說，"這個國家所有掌權者的眼都瞎了。"

43

露營北京
2006 年 6 月 16 日
北京上訪村
68 歲的劉藩恩（左三），不在中國人口登記冊上的上訪人，來自山東省文登市宋村鎮臺上村。退役軍人，返家無戶籍。父親為他上訪被謀殺；上訪四十二年，他擔心自己會落到像父親一樣的可悲下場。
"我不需要金錢的幫助。只是請你幫我跟美國政府要一個美國的 USA 國籍。"他向前來探訪的兩屆普利策獎得主、《紐約時報》專欄作家 Nicholas D. Kristof（左一）請求說。他爬滿皺紋的臉在燭光裡發出幽靈般的光芒。"我要這個美國國籍，是為了政治避難。保護我在上訪時不會被中國政府派人暗地裡謀殺掉了。"

白天点燈找正義
2004 年 2 月 7 日
北京上訪村

"整個國家黑漆漆的。"他說,"黑得連白天打燈籠照亮也看不著路在哪裡。"

上訪人智(他只肯留下自己姓名中的最後一個字),58 歲,孤兒,文盲,殘疾,農民,來自遼寧省瀋陽市。因為住房分配不公而上訪十年。他手舉國旗,打兩個紅燈籠,白天在北京四處遊走。他稱:"要為中國所有冤民找正義。"他常被自己這種大無畏的革命精神感動得熱淚盈眶。

他的這副行頭在一個中央領導人家門口被警察收繳,還差點被當瘋子關了。很多上訪人對他的舉動不屑一顧。"只有扛著原子彈殺進中南海(共產黨中央總書記的辦公地),"一個上訪人說,"才有可能驚動日理萬機的國家領導人。"

一百八十三趟投胎為人

2002 年 4 月 9 日
北京上訪村

81歲的孫傳明,湖北省應當縣農民。中共在 1983 年開展嚴打(嚴厲打擊刑事犯罪)活動。這是一場聲勢浩大的扭曲法律的斬首運動,沾上的人不死也得脫層皮。他的兒子被誣控殺人,不容分辯,處決。上訪二十年。他是滯留北京時間最久、上訪村資歷最老的人了。靠撿破爛謀生。二十年來京一百八十三次,先後被北京最高法院信訪辦強制收容遣返原籍一百五十二次。"官司打不贏,"他說,他後來下落不明。"北京就是我的娘胎。"

"勝利凱旋"

2002 年 7 月

北京上訪村火車南站

一位原籍不詳、姓名不詳、上訪原因不詳、上訪年限不詳的上訪人,自殺在北京上訪村火車南站某一段鐵軌間。他最後上訪的地方是焚屍爐。

他已"勝利凱旋"了。有上訪人插一面中華人民共和國國旗在他遺下的血跡和破鞋旁以示敬意。

"死在北京,自然結案。上訪之路是通向萬人坑的不歸路。一上訪便是無期徒刑。"一個身經百戰的上訪人說,"最後餓死、氣死、病死、凍死或自殺,上訪人也就從此得到勝利了。"

上訪人墓地——近乎空白的死亡檔案

2004 年寒冬
北京上訪村
上訪人墓地。西元 2008 年北京第二十九屆奧運會，北京火車南站改擴建，墓地成為高速列車鐵軌的基座。整年整月，整日整夜，火車巨輪從戰死殺場的上訪人身上碾來碾去。從此，任誰也無法再滅絕掉這些上訪人了。

女人

"2003 年 12 月 2 日，我們黨的政府殘酷地折磨我。把我投入看守所男牢，請七名男犯輪姦我。凌辱我七天七夜，我哭喊了七天七夜。我已經把眼淚都流幹了。他們把我投入男牢的主要目的，是讓我自殺。我死了，他們就萬事大吉了。"

辛金梅
56 歲，藏族農婦，來自青海省同仁縣保安鎮城內村。為舉報官員貪汙而上訪十二年，被勞動教養兩次，強送精神病院一次。2010 年 3 月，她在北京哭訴，地方當局為了阻止她上訪，將她投入黃南藏族自治州看守所男牢接受男犯輪姦

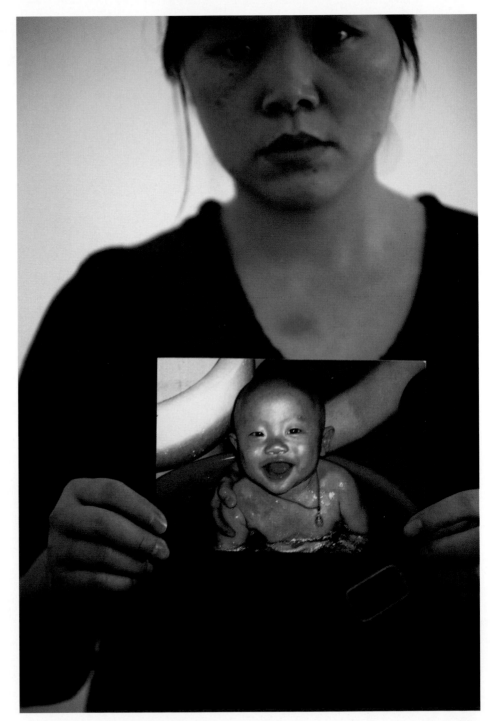

揪心的掠奪
2009 年 2 月 26 日
深圳

"重男輕女的傳統和中國嚴厲的計劃生育政策使販賣兒童成了興旺的生意。"《紐約時報》記者 Andrew Jacobs 寫道,"大多數被拐男孩賣給了那些沒有男性傳宗接代的中國家庭。"

鄧輝東拿著九個月大的兒子葉銳聰洗澡的照片。在她廣州省打工的暫居地家門口,人販子乘車從她 7 歲女兒的懷裡搶走了她的兒子;報警,執法者拒絕立案。上訪即遭到鎮壓。她的兒子僅是中國每年失蹤數十萬人口中的一個。失蹤家庭大多是外地打工者,暫居地轄區的執法者懶得為這些無權勢的人白費熱量。她說,"我的心在流血。"

跪吧，跪吧，不是罪

2009 年 12 月 28 日
北京

"中國人民從此站起來了。"中共獨裁者毛澤東站在 1949 年 10 月 1 日的天安門城樓上向全世界宣告。六十年後，在北京市高級人民法院門前，一名女上訪人手拿冤情書跪下來了。她寄望此舉能打動法官傾聽她的哭訴。但法官就像法院門前執勤的這兩名警察一樣視若無睹。下跪了數千年的中國人民註定還要繼續跪下去。

檢察官是精神病人
2001 年 11 月 19 日
北京天安門

張世鋒，48 歲，廣東省深圳市檢察院書記員。因為舉報檢察長辦案舞弊受報復，被強送精神病院，強制服藥四個月。後來僥倖逃出病院。到三家精神病院做出精神狀態鑑定，結論均為"精神正常"。
她委託律師提起訴訟。但法院拒絕立案，藉口她是從精神病院裡自己跑出來的人，必須由她的監護人提起。而她的監護人正是抓她入精神病院的人。上訪十一年無果。她說，"他們怎麼可能告自己呢？"

山高皇帝远
2003 年 7 月
北京

黃淑榮，43 歲，和她 16 歲的兒子馬小飛，以及 13 歲的女兒馬小玉，在離共產黨中央最近的地方——北京中南海門前。她的家在黑龍江省綏棱縣靠近小興安嶺林區的偏僻農村。因為土地和村幹部腐敗問題上訪十九年，精神正常的她，五次被強制送進精神病院"治療"；無家可歸的母子三人流浪在首都街頭。

她的兒子馬小飛有一個願望：長大後做一名法官，"為窮人們伸張正義"。但夢想被現實擊碎：數年後，由於生計所迫，他因為盜竊而被強制送進未成年人勞動教養人員管理所勞教一年。他曾在日記中吐露了人世的悲涼：他"沒有勇氣面對那一道道恐怖而鋒利的目光"。

冤無頭，債無主

"我的女兒鄺小娥，23歲，是中學教師。她懷有八個月身孕，在婆家待產。
1999年1月30日，成、黃兩姓宗族械鬥。雙方在公路兩邊挖起超過三公里的戰壕，互相投入土槍土炮。一發炮彈，落在女兒婆家。女兒被當場炸死了，腹中的胎兒還繼續蠕動了兩個多小時。錯誤發射共造成十二人死亡、六十多間房屋被毀。械鬥雙方的村幹部告訴我說：'在兩方準備械鬥期間，都派人向縣委、縣政府和縣公安局彙報，但卻沒有得到官員的理睬。'
我的女兒和腹中的胎兒，哪能白白就死了呢？我要追究瀆職官員的法律責任。
我們縣是一個人口只有三十五萬的小縣城，但卻停放著二十二口屍棺拒絕下葬。因為死者都死得不明不白，沒有得到公正處理。縣委的高官和縣公安局的高官互相勾結，販賣毒品海洛因，濫用職權謀取私利，民怨沸騰。
我呼籲全縣百姓揭露官員的無恥和腐敗，共有一萬五千名農民聯名，每個人都摁下指模，請求黨中央給我們一個哭泣的地方。
我們把控訴材料和聯名信遞送到黨中央。結果遭罪的不是那些貪腐官員，而是我們這些上訪人。我被以'擾亂社會治安罪'逮捕兩次，以'誹謗政府官員罪'入獄一年；我的丈夫和兒子也沒能倖免，都蹲過監獄。
縣分管政法和信訪的官員告訴我說：'你女兒已是嫁出去的人了，跟你沒關係了。敢再上北京上訪，就讓你爛在監獄裡。'
上訪八年，我花光了所有積蓄，家裡只剩下吃飯的桌子和睡覺的床。
我越告，官員晉升得越快，都到市政府當官去了；只有縣公安局一個副局長還沒晉升，因為他患上了尿毒癥，沒幾天活頭了。
我現在已沒有可以控告的官員了。"

——李蘭，*49歲，湖南省藍山縣良村農民，
2007年12月20日*

秘密的悼念
2002 年 3 月 12 日
湖南省藍山縣初立村

血紅色的午夜像是地獄被啟動了。每個夜晚都盛滿了哀號。農婦王滿基(左二)和親人點著火把,到裝殮兒子屍體的棺材前哀悼。她 15 歲的兒子被同村一男青年劫持。礙於劫持者是一位縣裡高官的親戚。執法者推說天黑不能辦案,任由劫持者將其砍死;中國司法體系漏洞百出,農民被迫採取非常手段,把死者的屍體作為潛在的證據儲存;這個偏遠小縣城僅有三十五萬人口,但像她兒子這樣因死於非命而拒絕下葬的棺材即超過二十口。"必須得到公正說法,"王滿基說,"否則就拒絕下葬。"

裂縫中的陽光

中國申奧成功的日子——2001年7月13日
河南省南陽市法院

從河南省南陽市檢察院到法院不足二十米,死者趙東升的冤魂走了九年。法院開庭判決前,張娟和兒子拉著"含冤九載誰之過"的橫幅質問,剛展開就被沖上來的法警搶走。

張娟(左二)的丈夫趙東升熱心勸架,被派出所兩個治安員非法拘押,遭受刑求。趙東升在臨死前留下的一句話,成為他的家人在指控派出所刑訊逼供時的惟一線索:"派出所……狠,跪……打頭。"

法醫鑒定發現,他的顱骨"裂縫中能清晰地看到陽光"。上訪九年無果,她哭得"像發神經",而她的公爹則一邊訴說一邊要"吃救心丸"。

四十一名全國人大代表數年聯名為受害人提案。

儘管案情某些重要細節已隨時間消失系成永遠的死結,但在中央領導親自督辦的"高度重視"下,終於"迎刃而解"。這究竟是誰的錯?算命先生說,"註定他命裡有這一劫"。

平安無事

"三兒子每晚都要開例會:首先用鉗子和鐵絲把門擰死,我必須坐著,旁邊放著四張空凳子,留給已死去的父親、兩個哥哥和一個弟弟坐的,接著三兒子不停念叨,嘴裡不乾不淨地咒罵著什麼,持續半個小時左右,然後,長吐一口氣,說:‘平安無事啦,平安無事啦,睡覺去吧’,像安慰什麼人,持續半小時左右。例會才結束。最後,關燈睡覺,一夜無話。"

——谷玉琦(左一)描述她的三兒子苑興達的"日常工作"時說。谷玉琦,71歲,黑龍江省伊春市農民。她的二兒子苑興民和四兒子苑興君死于公安、檢察院和法院的濫權,遺體一直停放在醫院冷凍間;上訪二十年,她的丈夫苑長榮(左二)和大兒子苑興臣在抑鬱和悲憤中離世;40歲的三兒子苑興達精神受到家境劇變的刺激而智障,每天都樂此不疲地做著同一種怪誕行為。
谷玉琦決定放棄繼續上訪下去了。她告訴她的侄女姚亞琴(左三)說:"再上訪,全家就要死絕了。"
現在,她和三兒子相依為命。她對三兒子的現狀很開心:"上帝讓他瘋,是要他好好活在中國。"

72

74

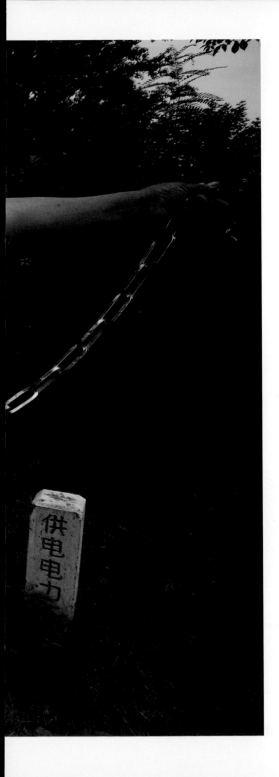

雞蛋和鐵鏈的囚徒

2013 年 8 月 21 日

北京

鄭豔傑，57 歲，遼寧省營口市農民。她因為屠宰牲畜問題與政府當局發生爭議而上訪十年。2009 年 6 月 2 日，她在將三十個雞蛋作為家鄉土特產準備送給中共黨魁胡錦濤品嘗的路上而被警察抓獲，當局以"擾亂公共交通秩序"罪將她勞教二十四個月；2011 年 11 月 8 日，她以兩米長的鐵鏈將自己裸體鎖在中南海門口進行抗議而被警察抓獲，當局以"擾亂社會秩序"罪將她勞教二十四個月。她不能接受當局給她的懲罰。她說，"我要求中共撤銷對我的非法勞教。"

美國人喊冤
2009 年 7 月 10 日
北京
"這幾個月的經歷讓我寒心，我體會到做一個中國百姓的痛苦和所遭受的歧視，在對法律失望之後，我不得不這麼做。"美國公民 Julie Harms 在寫給中共領導人胡錦濤和溫家寶的公開信中說。30 歲的 Julie 手捧未婚夫、中國籍公民劉士亮和自己的合影。Julie 出生在美國德克薩斯州，在哈佛大學國際關係系畢業。曾在聯合國教科文組織駐中國辦事處短暫工作過。與中國安徽青年劉士亮相愛且準備結婚。但劉士亮卻陷入家鄉一起糾紛中被捕入獄。

她堅持認為未婚夫無罪，上訪無果。向前來中國訪問的哈佛校友、美國總統貝拉克·侯賽因·奧巴馬二世(Barack Hussein Obama II)求助，遭到中國政府的扣押。接待她的官員只是偶爾給她一張指路的紙條。"他們告訴我下一次上訪的時間，"Julie 說，"和我應該去解決問題的地方。"

女人的肚皮，政府的靶子
2005 年 6 月 15 日
河南省鄭州市老鴉陳衛生院

23 歲的王麗萍（左一）和媽媽在病房裡。鄭州市古滎鎮計劃生育辦公室掌權者以未婚先孕為藉口，將她秘密抓走，強制墮掉七個月的胎兒；在中國，女人懷孕要有准孕證，生孩子要有准生證，否則就是違法犯罪。她的胎兒在腹內掙紮了兩小時，然後就告別了這個還沒來得及看一眼的世界。她的丈夫上訪，遭到政府當局鎮壓。"想不到在社會主義國家的今天，"她說，"竟然會出現這種慘絕人寰令人髮指的禽獸行徑。"

黨中央的喉舌《人民日報》在隨後的 7 月 9 日向全人類莊嚴宣告："我國自二十世紀七十年代全面推行計劃生育以來，經過全黨、全國人民的共同努力，人口和計劃生育工作取得了舉世矚目的成就⋯⋯累計少生了三億人。"

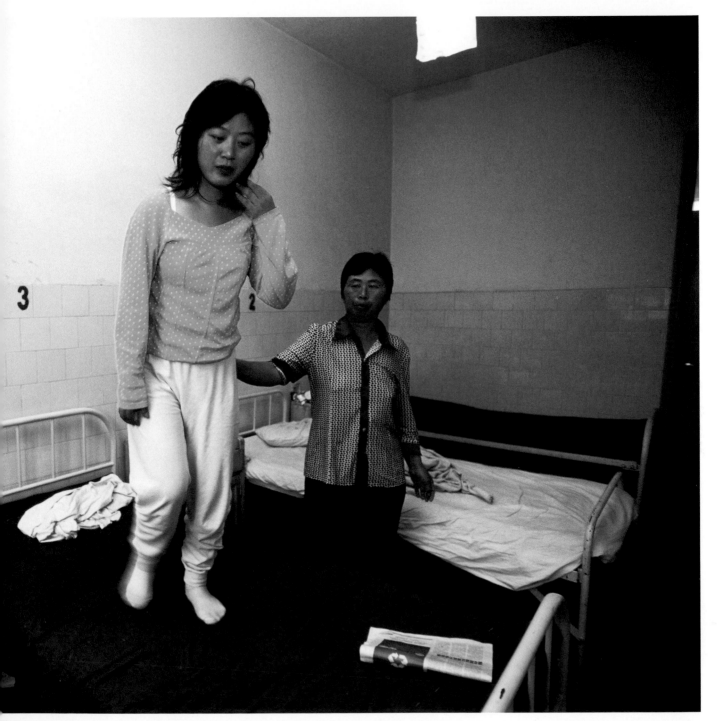

無望的掙扎
2012 年 12 月 8 日
黑龍江省上訪村

"我舉報法官枉法辦案，"她說，"三級法院對我舉報都無人過問。"

樊幸茹，64 歲，黑龍江省哈爾濱市道裡區居民。因為十九平方米住房遭到政府與開發商無賠償的強拆而邁到上訪路。上訪十八年，黑龍江省、哈爾濱市、道裡區三級法院和政府部門給她下達了三十份法律文書，但始終沒給她一個滿意的答復。

她身穿哭喪的狀衣，狀衣上寫著"上訪不成，求法不能；活著不認，死還不行。"在她的臉上掛著橫聯："以權亂法。"她不相信自己能勝利。"因為法院枉法裁判的案子，法院能承認自己錯了嗎？"

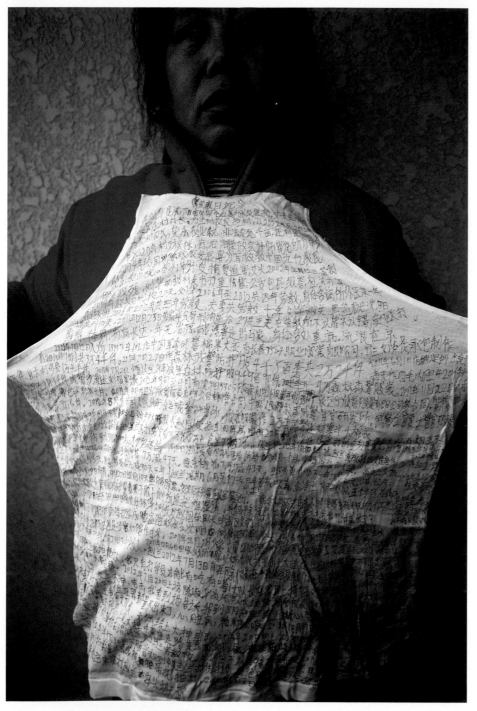

陰道在咆哮（之一）

2013 年 12 月 8 日
北京

劉華，51 歲，遼寧省瀋陽市蘇家屯區農民。她因為舉報村官貪腐兩次被投入遼寧省馬三家女子勞教所勞教三十六個月。她大膽向外界講述了勞教所隱藏的黑暗。她展示的是自己在勞教所內偷偷寫下且以被釋放的女人的陰道夾帶出來的一塊"勞教日記"。"我們從娘胎裡爬出來後，馬三家女子勞教所把我們這些捍衛權利和信仰的上訪人和法輪功學員進行折磨：用電棍擊打我們的乳房和陰部，插進陰道裡電擊；往陰道裡灌辣椒面；把牙刷插進陰道裡旋轉；用子宮擴張器擴張我們的嘴給我們灌食，來侮辱我們。我們不知道，我們的國家究竟怎麼了。"

陰道在咆哮（之二）
2013 年 8 月 22 日
北京

曲美玉（左一），57 歲，遼寧省本溪市農民。她因為因公受傷得不到補償上訪而被投入馬三家女子勞教所勞教十二個月。勞教所警察欺騙她說，她雙目失明的丈夫（左二）已經餓死了，等她回家後才知道丈夫還活著，害她"白白痛哭了半年"。她講述自己被电击的惨痛："大隊長張環用八個學員摁著我。將我的嘴堵上。用電警棍到處電擊：嘴、鼻子、手、乳房、陰部。她們拿著電警棍，用子宮擴張器撐開陰道，以電警棍電擊陰道。電擊得我昏迷不醒。等我不知多久醒來後，身上有二十多天是麻木的。就是麻木。"

昏迷中的國家會議
2013 年 11 月 8 日
北京

58 歲的隋書鳳肢體一級殘疾，控告山東省青島市政府暴力拆遷已十九年。她的父親和收養的女兒先後在悲憤和驚嚇中死去，而丈夫則被勞動教養十八個月。在 1999 年 3 月召開全國人民代表大會和全國政協會議時，她在公安部信訪辦正常上訪。為保障一年一度的國家會議的安全，公安部信訪接待員和山東省青島市警察將她強制送到北京市昌平區北郊精神病院，一名男警察扒光她的衣服，送她去"睡覺"："我一絲不掛，被一個二十多歲的男青年背到北郊精神病院，放到四樓，放到男精神病房裡，後來把我四肢綁成東西南北狀，胳膊和腿被用三米多長的布帶東西南北狀綁起來。馬上過來大夫，強行給我注射安定劑和吃鎮靜藥，我不吃，她把我的舌頭壓下去，用水強行灌下去。我喊，'大夫，我求你們了，不要給我打針，我也是幹大夫的'。大夫和護士馬上說，'兩會期間，你不在家裡，你跑北京來上什麼訪？領導讓我們怎麼做我們就怎麼做'。我求她們沒有用。我哭。當她們看到我哭的時候，更殘忍地給我打針和吃藥，不讓我睜眼，一直處在昏迷狀態。我一直處在昏迷狀態，大小便都排泄在床上。一直到兩會結束，才不給我打針和吃藥。"

中國的法律已死

2002 年 7 月,在北京上訪村,劉傑左手捧著的是在信訪收容審查站裡藏起來的發黴的窩窩頭,右手拉著的是被警察暴打中撕破的衣服。

我是東北邊境黑龍江畔遜克農場普通婦女劉傑,61 歲。因為我夫妻在 1993 年辦養奶牛的牧場,1994 年 7 月 25 日與當地政府遜克農場簽訂了一份承包草原、荒地一千畝的合同,合同期五十年。到 1996 年底,牧場效益較好,成了遠近聞名的養牛大戶。

但好景不長,合同甲方——遜克農場新任場長以權謀私,單方撕毀合同約定,強行霸佔我牧場。我據理抗爭,場長(縣長級幹部)惱羞成怒。1996 年 12 月 19 日,他動用手下的幹部、公安和法庭人員,在沒有任何法律文書的情況下,聚眾二十多人入戶搶劫我牧場財產——飼料地種植的大豆,價值二十多萬元。場長的權勢大,搶劫後指令參與搶劫的法庭人員製造假案,我們的財產被搶又被告。從此,我就走上了打官司的上訪路。至今已經奔波十六年依舊沒有結果。

最糟糕的是,我在依法訴訟期間,我牧場的全部財產,又遭到四次聚眾入戶搶劫,牛群、機車、農機具、住房和家產被洗劫一空。參與者是幹部、公安以及場長邀請的黑社會幫兇。他們權勢似乎很大,讓我在中國最高人民法院都沒有得到公正答復。

我在上訪路上,還多次遭到黑社會追殺、截訪、毒打、關押。我在 2001 年到最高人民檢察院舉報搶劫事件,被最高人民檢察院工作人員暴打,一雙眼睛被打傷,險些遭到滅口。為此,在 2001 年 10 月,依據《憲法》第四十一條起訴最高人民檢察院(被告是檢察長),但至今無果。

我向中共國務院提起行政復議,告黑龍江省農墾總局、黑龍江省政府,但讓人絕望的是,他們不僅包庇搶劫犯,還對我進行關押毒打,威脅我必須息訴罷訪。不但沒給我解決反而又把我關押起來。我出來後不服,于 2004 年 2 月 9 日,起訴國務院總理溫家寶行政不作為,有罪不罰。然而,北京市一中院、北京市高院、最高人民法院不給出具立案書或者不予立案裁定。口頭答復:"國務院不能告、溫家寶不能告!"

在 2005 年,我向全國人大、政協提出違憲審查"一府兩院"。無有結果,我失去了信心。當我看到全國的訪民怨聲載道,就發起聯名上書提建議。2005 年至 2007 年連續向全國人大、政協、黨代會聯名上書,提出司法違憲、行政違憲侵權審查申請,杜絕截訪、設立憲政審查機制、成立憲法法院的建議。

在 2007 年,中共十七大召開期間,我發起一萬兩千一百五十人(全國三十個省、市訪民)聯名上書十七大提建議,杜絕截訪維護人權,廢除勞教制度,設立憲政審查機制、成立憲法法院,清理各級權力部門出臺的違反憲法的政策性法規,公審貪官汙吏,推動政治體制改革的建議。中國政府惱羞成怒,動用秘密警察將我強行綁架,對我勞動教養十八個月。還遭到非人性的酷刑虐待——坐老虎凳七天七夜。當我被釋放後,繼續抗爭,不服對我的勞教。並向國務院提出行政復議,要求撤銷對我的錯誤勞教。

在溫家寶領導下的國務院法制辦,給我作出一張帶有黑公章的文書就不管了。

我不服,再次起訴溫家寶總理不作為,有罪不罰。法院說:"溫家寶不能告。"北京市一中院給我一份退件通知書。

這十六年來的悲痛經歷提醒我:中國的法律已死了。

左手不讓右手知道做了什麼
2002 年 10 月
北京上訪村

站著進去,躺著出來。1983 年 10 月 23 日,重慶大渡口區協和村 286 號。只為三噸水,李裕芬年僅 24 歲的兒子范李,稀裡糊塗成為打人兇手,被民警和聯防隊員弄到派出所。八小時後,一個大活人就成了死人。她說,最後在公安機關編織的各種死因的謊言裡成為一樁"無頭案"。

上訪二十年。三十八位全國人大代表呼籲,從中央到重慶各級信訪部門反復批示"必須嚴肅查處"。但是,在地方保護主義面前,"說不頂用,就不頂用了"。

李裕芬已把國家頒佈的某些法律條文背得滾瓜爛熟了。她一到信訪辦就跟信訪官員"鬥嘴"。上訪上白了頭髮的李裕芬說,現在吃了上頓,沒下頓。大病小病,都硬挺著。她說,"整個人都被磨禿了。"

見誰都想跪

2003 年 4 月
北京上訪村

她指望著世界末日早日光臨。56 歲的寡婦吳秀英生來幾乎就是給人練手用的"靶子"。二十年的上訪史,是飽受毒打、收容、遣送、拘留、扣押、刑求、罰款和性騷擾的屈辱史。1982 年,她的丈夫拋棄了她和兩個子女而另尋新歡。1983 年,她被甘肅省下河清農場視為"包袱",在勸其改嫁不成後而招來毒打,並且被開除公職與註銷戶口。2003 年 4 月 3 日,她第一次去國務院辦公廳信訪辦上訪,非但被信訪官員拒絕接待訪問,還慘遭警察暴打。挨揍的理由,是吳秀英千不該萬不該質問了一句話:"既然是國務院辦公廳信訪辦,為何不接待我?"
一個大字不識的吳秀英,要討還自己的清白,並且追究腐敗官員的法律責任。但是,吳秀英得到的,是被人反復用拳腳"伺候":她的眼睛和耳朵"像瞎子和聾子";她的胸、肋骨骨折過若干次後"有些拽不起身子";她的膝蓋下跪過若干回後"見誰都想跪"。
謝天謝地。幸好這些年她的"笑"字臉還沒變。只是,無論怎麼看去,都像號啕大哭。

"我在禁閉室只來過一次例假。在那以前,我已經九個月沒有月經了。

2002年正月,獄醫馬新榮說:'你怎麼沒有例假呀?給你檢查檢查。'

馬新榮說:'你的肚子疼嗎?'

我說:'不疼。'

她給我注射待產孕婦使用的催產素。我的骨縫張開著。她戴上那塑膠手套,一隻手伸到我陰道裡去使勁地攪和,另一隻手在肚子上使勁地按。

肚子撕裂般地疼痛。我的腰疼得像要斷了。陰道開始流那種惡露一樣的東西,最後直流血。

女警們開心地說:'哎呀!你來例假了!'

其實根本就不是例假。是她們把我的子宮給搞壞了。

警察用潔爾陰給我洗。侮辱我說:'是婦女病。'

犯人們辱罵我。

從那以後,不到二十天,就來一次例假。其實,就是用激素來刺激內分泌,從而形成的'例假'。

後來,獄醫又說我得了附件炎。強迫給我輸液,十瓶青黴素,用了半斤鹽水。實際就是做人體試驗。"

― 劉金英

為法輪功鳴冤

2011年5月8日

河北省淶水縣

47歲的法輪功學員劉金英在家中。她原為河北省淶水縣信訪局副局長,在1999年曾帶領五十多名法輪功學員,赴北京天安門廣場靜坐,為法輪功鳴冤,因此被當局開除公職、判刑入獄五年。她的丈夫也因為修煉法輪功而被判刑入獄十五年。她在石家莊監獄和太行監獄飽受折磨,反復戴刑具、電擊、藥物迫害、被使用子宮擴張器野蠻灌食、灌屎、灌尿,還被施以墩布戳爛生殖器等性酷刑。"我因為修煉法輪功,"她說,"所以才能撐到現在。"

94

死不瞑目

2011 年 12 月 21 日
廣東省陸豐市烏坎村

21 歲的薛健婉在父親薛錦波的遺像前,遺像上方寫著:"沉冤待雪。"她的父親是烏坎村村民代表和村臨時理事會副會長,這個理事會是基於土地被村委會成員私下變賣問題而上訪兩年無果時由村民自發成立的維權組織。官方將其定性為非法組織並取締。上訪村民與鎮壓的警察數次發生激烈衝突。薛錦波被警方秘密抓捕兩天后滿身傷痕地死去,官方稱是"心源性猝死"。

索要親人的遺體,薛健婉和她的媽媽以及弟弟、妹妹收到官方的警告。薛健婉回憶說,"在過去的五天裡,政府官員每天都打電話給我,辱罵我,還詛咒我的全家人都不得好死。"

95

殘奧會的裸體囚犯
2008 年 9 月 10 日（北京殘奧會第四天）
北京

"我現在正被執法者夾在警車上，"黃柳紅在手提電話裡告訴《紐約時報》記者 Edward Wong 說，"我要去中南海跟胡錦濤一起吃晚餐。"

臺灣僑胞、廣西柳州上訪人黃柳紅（左二）和她的媽媽、姐姐以及四個月大的兒子藏在北京一個家庭旅館裡。她因房產被政府侵佔而上訪。她來北京要申請到政府指定的示威區域內抗議。但剛出門即被廣西追蹤來的執法者逮捕。她和兒子被秘密關押三百一十四天。後被判處一年徒刑、緩刑兩年。

非常遺憾，她沒能如願和党的總書記胡錦濤共進晚餐。執法者將她們四個人拋進警車，扒光衣服羞辱，然後運回廣西。"執法者扒走我們的衣服，"黃柳紅在電話裡解釋說，"是擔心我們在六十名執法者的視線中再次逃脫。"

月經和辣椒水

2011 年 5 月 14 日

北京新華門

"美國眾議長佩羅西訪華，在國務院新聞辦召開記者發佈會,我和四五百名上訪人趕去抗議。"她說,"警察拘捕我,給我戴上重刑犯才戴的十五公斤的腳鐐和手銬。"

李莉,47 歲,山西省農民,為一樁公檢法敲詐勒索案上訪十七年。她和丈夫周光福為抗議付出代價:她被以"尋釁滋事"罪判刑十八個月;丈夫被以此罪判刑二十四個月。為逃避公權力的追殺,她和丈夫周光福在 2012 年 3 月逃命海外,2014 年 6 月獲得荷蘭政府的政治庇護。她在離開中國前,講述了她在首都北京的部分經歷:"在北京市東城區拘留所五平方米的禁閉室,我被戴上手銬和腳鐐,地板上有一個鐵環,我的手銬和腳鐐一起銬在鐵環上。我來月經以後,警察不給我衛生巾。經血到處流,整個褲子都濕透了。我上身的衣服扯下來墊了生殖器,上身就一絲不掛了,露著乳房。我的嘴巴上、牙齒上、乳房上、手上、腿上和地板上,到處都是月經血。我大小便都在那兒。飯盆也在那兒。睡覺也在那兒;在北京市拘留所裡,四個警察用辣椒水噴我的臉、噴我的後背、噴我的乳房、噴我的陰部。我戴著手銬,擋不住噴來的辣椒水。臉上、乳房上、後背上、下陰部和大腿上,都噴滿了辣椒水。兩個警察摁著我,其中一個警察專噴我的乳房,另一個警察彎著身子專噴我的陰部。辣椒水嗆得我嘩嘩流眼淚。生殖器疼得像被架在烈火上燒烤。疼得我黑白晝夜地哭嚎。"

復仇

2009 年 12 月 25 日
北京

55 歲的王靜梅（手持楊佳遺像者）與八名上海上訪人一起哀悼兒子楊佳。她的兒子楊佳，28 歲。母子倆均為上訪人；他在從北京到上海的旅行中被上海警察毆打，上訪一年，"一級級投訴都沒有結果，"他說，換來的卻是"警察一級級地侮辱"；王靜梅也曾因一次糾紛上訪八年，飽受凌辱。法院以"案子太小"為由拒絕立案。

2008 年 7 月 1 日，中共建黨 87 歲生日。楊佳闖進上海市公安局閘北區公安分局辦公大樓，殺死六名警察。他的暴烈舉動震撼整個國家。官方稱他為暴徒。國民稱他為英雄。"有些委屈，如果要一輩子背在身上，那麼我寧願犯法。任何事情，你要給我一個說法，"楊佳在法庭上解釋犯案動機說，"你不給我一個說法，我就給你一個說法。"

王靜梅在案件審理前被秘密關入精神病院一百四十三天，直到兒子處決前才被釋放。2008 年 11 月 24 日，她隔著玻璃會見兒子二十分鐘。她叮囑兒子"要好好配合警方的調查"。她告訴兒子的二審法官徐偉說，"我還有很重要的證據沒交。"法律很忙，不等人。徐偉說，"我們不能因為找不到你就終止我們的審判。"王靜梅問，"兒子有救嗎？"法官說，"回去寫申訴材料吧。"

2008 年 11 月 25 日晚，上海兩名法官代表最高法院，來送楊佳的死刑裁定書。王靜梅說，"我還有重要的話沒說呢。"法官笑著說，"你現在不是正說著嗎？你不是正說著嗎？你不是正說著嗎？"

2008 年 11 月 26 日上午，王靜梅正寫楊佳的申訴材料。官媒新華社發出快訊：楊佳已被注射藥物死亡。拖延數月，上海當局才將楊佳的骨灰交給王靜梅。王靜梅說，"我不知道究竟發生了什麼事情。"

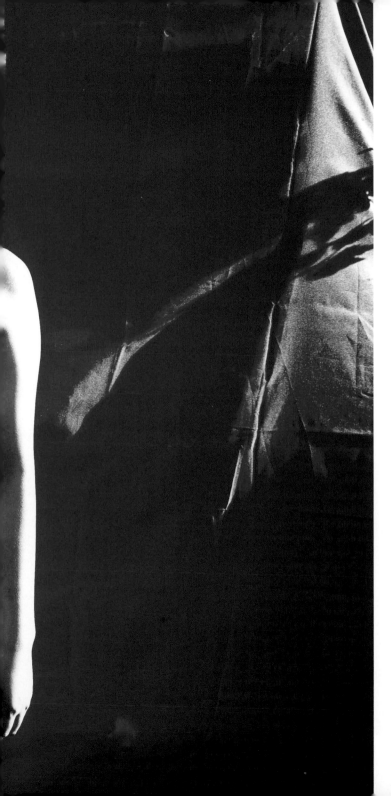

處子之身
裸跪天安門廣場
為母鳴冤
2013 年 9 月 1 日
北京

"我的生命是媽媽給的。為了母親，我做什麼都可以。我要用我的身體，"她說，"來證明母親死得很冤，用裸跪來進行無聲的抗議。"

2012 年 3 月 5 日，25 歲的李甯，中國人民大學學生，在北京天安門廣場以處子之身裸體跪在冰冷的地上為母親喊冤。她是中華人民共和國史上第一個在共產黨心臟裡——天安門廣場裸體下跪為母喊冤的女學生。她的母親李淑蓮因為租賃房屋糾紛上訪八年，在 2009 年國慶日，被山東省龍口市當局赤身裸體抓回原籍，在秘密關押中受虐而死。李甯上訪四年無果。"我解開了衣帶，脫掉了衣服裸跪在廣場裡。迎面來了兩撥旅遊團遊客，"她說，"他們停下腳步看到了這一切後，鼓起了掌聲和叫好聲，掌聲持續了好久。"

103

口頭優惠
2002 年 11 月
湖南省藍山縣

"去山上看看你們的爹吧，"71 歲的農民雷源普用手指著遠處長滿野草的荒山說，"爺爺再也爬不動了。"

雷源普的三個孫子(從右到左)，17 歲的雷衍剛、12 歲的雷元業和 5 歲的雷元訓對路很熟，他們在停放父親雷勇屍體棺材的塑膠棚前展開寫於白布上的冤情。從始至終，他們既沒流淚，也沒說一句話。

雷源普的兒子雷勇因為家庭糾紛被人毆打致死。湖南省藍山縣公安局捕獲四名兇手。沒過幾天，其中的三名被公安局假借"取保候審"（中國刑事訴訟中取保候審，是指法院、檢察院和公安機關責令犯罪嫌疑人、被告人提供保證人或者交納保證金，由保證人擔保被保證人不逃避或妨礙偵查、起訴和審判，並隨傳隨到的一種強制方法）為名以每人五千元的價格放掉。

中國法律明文規定，殺人嫌疑犯不能取保候審。而當地人說，"警察對賄賂比抓兇犯更有興趣。警察拘捕罪犯跟做生意一樣，在他們付錢以後就可以得到釋放。"

為給冤死的兒子討說法，雷源普在湖南與北京之間兜圈子上千次，奔波數萬公里，花掉十萬多元。

上訪上急了藍山當局。為收買雷源普，它攤出五項"優惠政策"供雷源普掂量可否值得放棄上訪。政策內容包括補償他被害的兒子一萬五千元的安葬費；安排他不到 16 歲的大孫子參加工作；另外兩個年幼的孫子 18 歲前在校讀書免交學費；把他的侄子提升為縣監察局長；他和老伴每人每月還可獲得民政部門發放的一百二十元最低生活保障金。

這份榮耀，就是一個戰死沙場的革命軍人也不過如此。但當局也開出條件，必須把雷勇停放在山坡上長達五年的屍棺入土下葬。並不得再追究公安局領導私放兇手的瀆職行為。

但等雷勇的屍棺下葬後，當局不僅沒有兌現承諾，反而矢口否認。"藍山今天用錢可買不坐牢，貪官有錢可買不殺頭。"受騙的雷源普含淚說，他後悔自己太相信政府說的話了。"兒啊，你就在地下繼續含冤吧。"

勞改犯

2002 年 7 月
湖北省丹江口水庫大壩上

饒富民（右），58 歲。湖北省丹江口水壩最早的水庫移民之一（寄居在丹江口水庫壩旁胡家嶺村的妹妹家）。

他從 1958 年起，至今已是被迫遷徙過四次的水庫移民。毛澤東時代，向國家伸手要移民款是可恥的行為。如今，他左腿患有關節炎，右腿中風，走起路來顯得異常吃力。每月一百元的最低生活保障金，是他惟一的生活來源。他說，大兒子失業在家。小兒子外出討飯下落不明。小女兒下河撈菜葉子吃被淹死。"國家下撥給我們的移民扶貧款，我們一分錢也見不到，"他說，"都讓市、縣、鄉、村的那些幹部們裝進自己的腰包裡了。"

等待補償金的日子像煉獄。"如果再沒結果，"他說，"我將把自己吊死在丹江口市市委的大門上。"

上訪無果。他不得不等候第五次遷徙——南水北調。"像中國的三峽大壩工程一樣，南水北調引起全球的爭論。生活在水庫附近的人很久以來就知道搬遷計畫，幾百甚至幾千人等待了十年或更長時間，放棄修建住房或者推遲婚姻。"《紐約時報》說，"現在，許多事情顯然比那天的來臨可怕。"

水鬼

2007 年 9 月 30 日
重慶市雲陽縣

可克昌，67 歲，三峽移民上訪領袖。他在 2012 年含恨而死。"我是第一次去看三峽大壩。這是世界上最大的水壩。我看了它整整一天。政府對水壩很滿意。但我們移民卻從來都沒有真正地滿意過。政府強拆我家給水庫騰窩。我拿到手的只有兩把舊椅子；我和三名移民維權代表進京上訪。政府以法輪功修煉者為名將我們逮捕。我因為赴京上訪和告訴香港記者移民款有多少。分別被法院以'擾亂社會秩序罪'和'出賣國家機密罪'判刑入獄三年。警察把我吊起來暴打我，下身(陰莖)腫得老大。我在監獄裡摔斷了腿。執法者不允許我治療。現在我是一條腿長一條腿短。我們一百四十萬移民是被壓在三峽大壩底下的鬼。"

111

含恨而死
2008 年 3 月 8 日
陝西省大荔縣嚴通村

劉懷榮，84 歲，三門峽水壩移民返遷上訪總司令。"為了不讓我們上訪代表接頭，政府救濟給我一個房間。緊挨著村警務室。由兩名警察日夜輪流監視。現在村村都有上訪的。每次進省赴京上訪，地方政府都用花言巧語把我們哄騙回來。只要一回來，它就不再管你了。上訪沒用，我都不讓他們去了。相框裡的這些人，都是三門峽水壩庫區上訪代表。很多都已含恨死去了。"

全部槍斃

2002 年 6 月
山東省棲霞市槐樹底村

他從未懷疑過自己對党的無限忠誠。但回報他的是被党的官員拳打腳踢後的遍體鱗傷。

"地方黨委領導把我們這些民選的村主任當牲口一樣對待，"78 歲的村委會主任余脈通對《紐約時報》說，"像牛被牽著鼻子走。"

話音未落。2002 年 6 月山東省棲霞市第七屆村民委員會換屆選舉開始了。中國年齡最長的村委會主任余脈通，本是全村六百多名村民擁護的鄉村英雄，但卻被取消參選資格。他說，現在成了一個"窩囊的狗熊"。

究其原因，是他曾在 2000 年 12 月帶領四個鎮五十六名民選村官進京上訪。中國鄉村選舉規定，凡是違反信訪規定經常串聯上訪的人不能參加選舉。這項政策，不光株連他一人，幾乎所有參與"棲霞市五十七名村官辭職事件"的村官們，都得"無條件自覺放棄"參選資格。

很多民選的村委會主任認為，誰要敢說全國六十萬個小村莊不都屬於整個共產黨體系的一部分，誰將會被斬首示眾。

讓老百姓選舉自己的當家人，參與管理國家事務，這真是太好不過了。當初，余脈通自豪地說，"我老了，但我很驕傲能幫助我們偉大的黨在農村推行村民自治這種新的改革。"

天上真會有掉餡餅這等美事嗎？如今，他黯然地擠出一句話："如果毛主席仍在的話，這批腐敗的官員全部都應受槍斃。"

113

損兵折將

"我從 1995 年開始舉報村支書侵佔集體財產。遭到王崗鎮派出所警察的打擊報復。警察打碎了我幾顆牙齒,還踢壞了我的性生殖器官(陰莖),我的妻子為此跟我離婚;我去北京上訪。在信訪辦門口,就被省裡官員抓回哈爾濱。政府指使黑社會殺手用鐵棍打斷我的一條腿;我的第二任妻子郭淑華,找王崗鎮黨委書記王敬東,反映自己的土地沒有在二輪承包中得到合理分配,遭到羞辱,服毒自殺,以死抗議;我再次去北京上訪。南崗區公安分局一個領導警告我:'你要看好你的另外一條還能動彈的腿。'

在第二十九屆北京奧運會舉行前,中國政府通告全世界說:上訪人可以在北京申請于三個指定的區域內遊行示威。

我去北京市公安局治安總隊申請抗議。當晚即被哈爾濱市警察抓回關押。我成為了奧運會的俘虜。王崗鎮派出所副所長遲強拿著手槍,威脅我說:'再敢上訪,就槍斃了你!'

我上訪十三年,無果。中國政府已摧毀了我的生命。我沒要求很多,我只想要正義。"

——高傳才,*45 歲,黑龍江省哈爾濱市南崗區王崗鎮農民,在北京,2008 年 8 月 10 日*

115

裸體羞辱

岳永進，55 歲，原籍遼寧省瀋陽市蘇家屯區紅菱堡鎮張堡村，民選村長。他和妻子劉華為舉報村支書貪腐濫權上訪 13 年，夫妻倆多次共被勞教七年。2013 年 10 月 13 日，岳永進在北京。

2006 年 2 月 20 日晚上 6 點多鐘，我們當地瀋陽警方花錢買通北京市豐台區右安門派出所便衣警察，互相勾結。在北京南站鐵路分局院子裡，把我和我老婆劉華非法綁架到派出所地下室。非法剝奪限制人身自由十五個小時，對我老婆和我實施了刑訊逼供：我老婆被摧殘折磨得昏死六個多小時才搶救活過來；要求我保持立正姿勢站好。叫我扒光衣服，不讓我穿衣服，靠牆站立，必須保持立正姿勢，不能稍息，不能變換別的姿勢。累了動彈一下也不行，往左往右都不行，必須立正姿勢站好，褲子衣服全扒光。他們羞辱我，他們在那兒嘿嘿直笑，我不得勁。我能得勁嗎？被他們羞辱。

當時天很冷，凍得我直打哆嗦，心裡直打顫。想動彈也不敢動彈，我求他們讓我變換一下姿勢。他們不同意，也不讓我穿褲子，羞辱我。我凍得直打哆嗦，有點受不了。跟他們幾次請求換一個姿勢和穿上褲子，他們就千方百計不讓我換姿勢和穿褲子。

我跟我老婆被問來問去什麼事情也沒有，刨根問底，刨到天亮。能有什麼事情啊？警察問我到北京幹啥來了？我說我跟我老婆到北京代表全村老百姓舉報村幹部貪污腐敗，非法賣地，侵佔村民利益，貪污救災款。舉報他們，我們是代表全村村民利益來舉報他們。後來，他們被開除黨籍了。但當地政府把我和我老婆抓回去了。

第二天上午十點多鐘，把我和我老婆交給當地政府押回去了。什麼口供和筆錄也沒有，沒有任何法律依據，押回當地。然後違法拘留，違法勞教一年半。從那以後，不服勞教，就被一次又一次勞教，一次又一次勞教。

我沒有犯罪。我每次被勞教時都要被扒光衣服裸體拍照存檔。是毛澤東立下的勞動教養制度迫害我這些年。我請求習近平還我做人的尊嚴。

116

國家守靈
2004 年 7 月
河南省沈丘縣周營鄉黃孟營村

"黃孟營村的小河是淮河盆地上的一條細小支流。污染極其嚴重的淮河已經成為了中國中部幾千家工廠的廢物排污口。"《紐約時報》說，"淮河盆地有一億五千萬居民，其中很多貧窮的農民面對著水污染的威脅。充滿毒物的河水連接觸都是危險的，更不要說飲用。"

這是一戶家庭中的農民在為一個因水污染而患癌症死去的男子守靈。因上游企業肆意排汙，這個村遭受滅頂之災。全村已有一百零五人死於癌症。還有一百多人患有癌症。個別家庭已死絕戶。這個村成為遠近聞名的"癌症村"。"我們已經習慣了得癌症，"黃孟營村黨支部書記王林成說，"習慣死亡。"

地球上最大垃圾掩埋場中的葬禮

2004 年 7 月

河南省沈丘縣黃孟營村

中國中部數以千計的工廠把淮河當成了巨大的排污口。淮河沿河兩岸一億五千萬人面臨水源短缺和飲水困難,乃至很多貧窮的村民開始患各種病症死去。

位於河南省與安徽省交界(淮河的上游)的黃孟營村,一位因水污染患癌症而死的男子正被下葬。這名男子是該村上百名非正常死亡的農民中的一個, 也是中國數以千計的癌症村非正常死亡的犧牲品之一。這家人試圖以受害者的葬禮拽來當局投向經濟畸形發展的眼球。死者一位親屬說:"每家都有人病了。"

"太監"蒙冤三十年

2002 年 2 月
山東省桓台縣聶橋村
農民邢樹貞在 1972 年被村幹部濫用私刑閹割進行"肉體羞辱"。上訪三十年無果。儘管"武功"已報廢,但他仍必須同其他生理正常的男人一樣繳納生兒育女的計劃生育管理費。54 歲的他蹲在村委會緊鎖的鐵門前欲哭無淚:"憋得直吐血。"

傳播知識的搖籃——孩子的斷頭臺
2008 年 5 月 18 日
四川省都江堰市新建小學

揮鐮刀和錘頭的死神笑了。這是八級地震"偵破"的犯罪現場：教學樓粉碎性坍塌。而左邊的幼稚園與右邊的賓館卻未受損害；美國一家以抗震設計和房屋結構加固的專業公司，前來提取建築材料樣本進行檢測，結論是結構、建築形式和品質"所有一切都出錯"。

新建小學像整個震區五十八個鄉鎮、上百所學校教學樓一樣，幾乎都在幾秒鐘或十秒鐘之間粉碎。超過五千名學生死亡。罹難學童家長上訪，請求政府徹查劣質建築、公佈學生的死亡真實數字和追究貪腐官員，遭到野蠻鎮壓。"這不是天災，"一個罹難學生家長喊道，"是人禍。"

國家的葬禮
2005 年 1 月 29 日
北京八寶山革命公墓

中國政府第二任總理、中共中央總書記趙紫陽（1919 年 10 月 17 日——2005 年 1 月 17 日，因為反對中共以坦克和槍彈鎮壓 1989 年在天安門廣場抗議的大學生而被迫下臺，之後被軟禁至死）的葬禮。來自全國各地的數十名上訪人，衝破嚴密封鎖，在武警和便衣執法者林立的葬禮外，頭披白色孝布，扯著"紫陽精神永存；向腐敗開戰"的橫幅，失聲痛哭。"趙紫陽是我們悼念的，"一名上訪人說，"在世上的最後一位中國政府官員了。"

为地球清除貪官汙吏

2003 年 9 月

湖南省醴陵市烈士塔村

失地農民劉昌志把自製的土炸彈拴在腰間。上訪無果的他決定要當一個人肉炸彈與共產黨的敗類同歸於盡。56 歲的他，家中還有六個失業活口。地方政府搶走了賴以生存的耕地。他說，不是他不想活，而是窘迫的生活已不容他再活下去了。他陰鬱地咆哮："餓死，還不如拚死。"

"中共的獨裁政府依靠意識形態和殘忍的暴力束縛和控制社會。現在卻要求他的公民,譬如謝玉均相信國家司法系統會解決矛盾和主持正義。但謝玉均悲哀的哭泣對於政府承諾的法治提出了一個本質的問題:對一個犯罪嫌疑人而言,他是否有可能獲得公正的審判? 對於中國領導人而言,他們面對著一個自相矛盾。一方面,他們希望像謝玉均這樣的人相信法治,這樣可以更好的保障社會穩定。但是另一方面他們又相信法律應該增強——而非減少——政府的權威,因此他們不願意用一個保障權利的司法系統來代替目前保障大量有罪判決的系統。

……同時,警察、檢察官和法院也常常搞不清中國的法律究竟要保護的是什麼。……被告還要面臨其他許多困難:被告律師如果在法庭上表現得過於挑釁那麼可能會被檢方控訴;上訴法庭很少推翻有罪判決;裁決經常是由秘密委員會決定,其中政治考量可能像法律一樣的重要。"

——Jim Yardley 《紐約時報》

飛蛾撲火

2005 年 9 月 16 日
安徽省巢湖市中級法院

整個國家都在忙別的事。60 歲的謝玉均的哭喊似乎跟誰都沒關係。

"在共產黨裡必須要有一個人,這個人誠實,而且相信正義,"謝玉均說,"如果我找不到這樣一個人,那麼這個黨也就維持不了多久了。"

謝玉均 32 歲的兒子謝樹德被指控持刀行兇,並致一對母女受重傷。警察之所以懷疑是他兒子幹的,是謝家與那對母女家有過經濟糾紛。

但他相信這個案子與兒子無關:目擊者從未看到過襲擊者。而證據則是一個本身就有問題的鞋印,和一份用酷刑獲取來的口供。法院記錄表明一開始被害人沒有認出兇手,後來才說"我懷疑是謝玉均家的人"。警察把謝樹德秘密逮捕。謝家請來的律師也不能插手其中。法院以故意傷害罪判處謝樹德無期徒刑。

中國媒體報導說,在 2004 年共有七十七萬九千四百七十件刑事案件被重審。謝玉均的兒子僅是其中一例(而在這個總數中,百分之九十九點七的案子最終還是有罪判決)。謝玉均不服判決提起上訴,安徽省高院駁回地方法院的有罪判決,指出"證據不充分"和"事實不清楚"。

"儘管受理該上訴的有些法院認為判決毫無道理,但是他們無權直接推翻基於警方誤導的判決。更為本質的是,"《紐約時報》對此分析說,"高院並不願意由於推翻判決而損害它和檢察院、公安局的關係,損害急於打擊犯罪的當地中共領導人的關係。"

所以,不奇怪在第二次上訴時省高院改變了第一次上訴時指責檢方缺乏證據的話。這一次高院指認為辯方沒有提出新的證據。也就是說,如果謝玉均不能證明自己清白的,那麼謝樹德即有罪的。

謝玉均為上訪的事疲於奔命。跟整個國家的哭喊似乎沒關係。"不用著急,反正你兒子是無期徒刑,"安徽省高級法院一位參與案件審理判決的法官告訴謝玉均說,"你有的是時間想辦法。"

"連續三天三夜,警察反扭著秦豔紅的胳膊,把他的膝蓋擠入一個鋒利的金屬框架,每當他睡著踢他的肚子。痛苦是如此強烈,以致他落下大滴的汗水在地板上形成水坑。到第四天,他崩潰了。他們問,'她的褲子是什麼顏色?'他喘著氣說,'黑色',立刻頭後遭一重擊。他哭泣著,'紅色',得到另一拳打。他冒險說,'藍色'。擊打停止了。這位秦先生是中國中部河南省的一名35歲的鋼鐵廠小工人,他回憶在審訊室的黑暗中,如何摸索著演繹出'正確'的強姦和謀殺的細節,結束了警察對他的酷刑和提供了他們要求的供詞。僅憑這個供詞,檢察官控告了秦先生。法官判他死刑。"
——Joseph Kahn 《紐約時報》

天生是個等待處決的"死刑犯"
2005 年 6 月 16 日
河南省安陽縣秦小屯村

當 35 歲的工人秦豔紅在 1998 年被警察刑求被迫承認強姦殺人並等待處決時,真正的兇犯投案自首。他在 2002 年獲釋。四年冤獄,警察私下以二十九萬元"封嘴費"堵死他的上訪路。死裡逃生的秦豔紅感慨萬千:"好像是一個陌生人在陌生的家裡。"

132

合法販賣嬰兒
2011 年 7 月 1 日
国家级贫困县——湖南省邵阳市隆回县高平镇凤形村

楊親政，74 歲，他和兩個孫子在家中。此時，是他的兒子楊理兵（47 歲）維權上訪被地方當局設圈套（以嫖娼罪行政拘留十五天）的第十天。在 2004 年 7 月，楊理兵與未正式註冊結婚的老婆生下頭胎女兒楊玲，後外出打工，女兒交與父母撫養。2005 年 4 月，鎮計生辦一行十余人來到楊理兵的父母家，強行將九個月的嬰兒搶走，並索要六千元贖金。

"我沒有不服從，官員們讓我做什麼，我就做什麼。"他說，他沒有積蓄繳納這筆贖金。"我沒有勇氣去反抗。但他們完全不按規矩來。" 當他的兒子楊理兵獲悉女兒被搶走後，趕回老家並與計生辦交涉。計生辦將他痛打一頓，然後告訴他不需要繳贖金，現在已經太遲了。他的女兒被計生辦已一千元的價格賣給了邵陽市孤兒院。孤兒院將計生辦送來的嬰兒或幼童統一改名姓邵，然後再以五千美元的價格賣給境外有錢人收養。通過輾轉尋訪，楊理兵得到他的女兒已被美國一戶家庭收養。這是隆回縣計生辦在 1999 年到 2006 年間搶走的十六名嬰兒之一。"當地政府把這些孩子們當作利益的來源，像例行公事一般的徵收六千元甚至更多的罰款——相當於當地居民的平均年收入的五倍之多。"《紐約時報》報導說，"如果父母們交不起罰款，孩子就會被非法帶走，並且直接交（賣）給外國人收養，又是一項巨大的收益來源。"

為了稀釋楊理兵的怒火以及外界的興論壓力，計生辦官員逼迫他簽署了一份妥協方案：他們的女兒已被外國人合法收養了，再也不會回來了，但是允許楊家再生兩個孩子。

"我簡直無法描述我對計生委官員的憎恨，"楊理兵說，"我恨他們恨到骨子了。他們還是不是父母，為什麼他們不把我們當人看啊？"

黑暗的抗議
2010 年 2 月 23 日
北京正陽藝術園區

"我們在長安街的最後幾步是哭著走的,"吳玉仁說,"我們面對的依然是黑暗。"

受傷的藝術家(從左至右)劉瑋、劉懿、吳玉仁、張峻和孫原在商量維權事宜。他們所在的十多個藝術區遭遇政府強遷,上千名藝術家必須搬遷。賠償低,藝術家們拒絕離開。開發商斷水、斷電、斷暖氣,還指使上百名黑社會殺手帶著鐵棍和砍刀,暴打藝術家,八人受傷。

報警,執法者拒絕立案。藝術家憤然打著標語走上長安街。請求黨和政府拔刀相助。執法者在天安門旁驅逐了藝術家們。執法者說,"你們上街遊行是滋事和犯法的。"

"上百名打手暴打我們不叫滋事,"吳玉仁質問道,"難道我們幾個人上街散步就叫滋事嗎?"

137

堅硬的死亡
2005 年 12 月 14 日
河北省峰峰礦區石橋村

"每個人都只為自己,你會得到你所為之戰鬥的,"農民代表李永錄(左二)對《紐約時報》哀歎說,"並且只能得到這個。"

當抗議峰峰礦區石橋村農民代表李春堂(左一)、李永錄和李會堂(左三)躲在家中商量如何上訪奪回被政府征走的僅有的二百畝耕地時,根本不曉得當局對他們的狂妄舉動根本不屑一顧。

他們認為政府征地計畫違反了國家土地法,該法規定開發基本農田需要得到國務院的批准。於是,他們委託的律師說,他們應該起訴河北省政府允許該計畫實行。但法院拒絕給他們立案,還勸說他們應該通過上訪而非法院向更高的官員請願。依法維權的路被封死了。"我發現法院只是口頭上說說依法審判,"李會堂說,"他們真正考慮的是你有沒有權力。"

"請多蓋些監獄來爛我們吧"

2003 年 3 月
中國遙遠的老工業城市的前哨——黑龍江省佳木斯市街頭

"我們這些中國工人是老實和謙卑的——因為我們沒有選擇,所以我們只能抗議,"一個目擊抗議且只給他的李姓失業工人對《紐約時報》說,"我們已經丟了我們的鐵飯碗——安心的生計,但是我們如何能活著甚至沒有最基本的救助?"

在 1998 年,曾經聲名顯赫的佳木斯紡織廠突然停產。政府聲稱企業破產還債。一萬四千名工人自謀生路。政府提出,每月支付工人一百五十元的生活費用,並且兩年後停止支付。百分之八十以上的工人生活在貧民窟。沒有生活費、醫療保障,甚至找不到就業的市場與機會。

這些絕望的失業者們除了集體請願、阻斷鐵路幹線、堵塞高速公路、躺在跑道上阻止飛機著陸、去哈爾濱乃至北京遞交訴狀之外,他們還能要求什麼呢?一位參加上訪的工人說,他們收到當局警告:"再鬧,就讓你們都爛在監獄裡!"

焚屍爐接待訪

2004 年 5 月 1 日
河北省唐山市玉田縣炸樓王村

李鐵和妻子躲藏在家裡。他是為建設國家水利樞紐工程－－河北省桃林口水庫而遷入唐山市兩萬三千名移民維權請命的上訪代表之一；中國是世界上築壩與移民最多的國家，被強迫遷徙的移民數以千萬計。而他們其中大多數人的生存境遇與惡化的自然環境一樣每況愈下；他代表移民向國家討要高達六千萬元補償費。執法者把他和其他三名移民維權代表抓到火葬場。他被蒙住眼睛，嘴被插入電棍，手指和肋骨被打斷，還被反綁雙手，澆上汽油，強行塞進焚屍爐。執法者要讓他們"生不見人死不見屍"。

他再三保證永不再訪，才僥倖揀到一條活命。李鐵驚恐的程度，步步後退說了一半，他的妻子把他護在身後說了另一半。李鐵說，"打死也不再上訪了。"

公示官員財產
2013 年 2 月 5 日
北京
十名上訪人展示敦促中共官僚們公示家庭財產的橫幅:" 公民要求公僕公示財產。"這是中國新公民運動中要求官員公開自己和家庭財產的一個瞬間。貪婪成性的中共官僚們以手中的公權力攫取的巨額財富驚駭世界。時至今日，全世界已有

一百四十五個國家和地區的政府官員公開個人和家庭財產。中國民眾要求官員公佈財產的怒吼聲震耳欲聾，但官僚們始終假裝聽不見。還把四名該運動活動人士判兩年到三年半的監禁。

在二十五年前的 1989 年 4 月 18 日的天安門學生民主運動中，學生們向中共政權提出的"七點要求"之一，就是要求國家領導人公開自己和家庭的財產，但這場運動最終以血腥屠殺的悲劇收場。

吃屎喝尿

2013 年 3 月 29 日
北京天安門

羅洪山，60 歲，現行反革命罪犯，原籍遼寧省瓦房店市三台鄉夾河心村。他因為舉報村支書貪污受賄而受到迫害。在 1977 年被以"擁護劉少奇、鄧小平，惡毒攻擊中國共產黨、毛主席和社會主義制度"，打成"現行反革命"，將他執行死刑；但後被遼寧省高級法院改判為入獄二十年；他不服判決，上訪四十年，為此"嘗盡了人間之苦"：妻離子散，無家可歸。雙腿腿骨骨折，三根鎖骨和六根肋骨被打斷。

2001 年 3 月，他攔截中共國務院總理李鵬的專車。李鵬批示地方當局："儘快處理。"

瓦房店市公安局迅速將他送進大連市勞教所勞教三年。因他"不服管教"，而被以八百元價格賣給遼寧省昌圖縣關山子勞教所。關山子勞教所被勞教人員稱為"中國的納粹集中營"。

羅洪山親歷了發生在中國特色社會主義初級階段吃屎喝尿接受再教育的故事：

我勞教期間，是 2002 年，大概是春季時候，在遼寧省昌圖縣關山子勞教所出外役（到外面幹苦力），（警察代理人）孟慶剛帶隊。我在幹活當中，他叫我過來，到屋裡。

我就進去了。他在拉粑粑（糞便），拉屎。

他說："羅洪山，我把這粑粑拉完後，你給我吃了。"

他拉完粑粑叫我吃，不吃就打我。他說："那是油條。"

我說："人能吃（人拉的）粑粑嗎？"

他說："你不吃不行。"

說不吃，就打我。還叫我喝尿。拉完粑粑，他撒尿叫我喝，說是啤酒，不喝就打我。往死裡整我。

他拉的粑粑，叫我全吃了；撒尿也叫我喝，叫我張嘴；晚上，我還得受他打。他說："你表現得不行。你吃屎，你都吃了。我晚上就不折磨你。"

所以，他拉的粑粑，我就全吃了。

拉完粑粑，就撒尿。就叫我張嘴，讓我含著小便（陰莖），往嘴裡刺，讓我喝。我全都喝了。

有一個勞教犯，進去過九次。他說："羅洪山，你不知道關山子勞教所的情況，雖然都是共產黨的天下，但在中國，除了臺灣沒解放，還有關山子勞教所（沒解放）。進去，不死也得扒層皮出來。"

我沒死，就算我撿了一條命出來了。

從中華人民共和國成立六十四年以來，都已解放六十四年了。我的冤案始終沒得到解決。到現在，我始終沒得到解放。

無法無天（之一）
2002 年 8 月 2 日
山東省臨沂市沂南縣農村

32 歲的盲人律師陳光誠（右下戴墨鏡者），在一場殘疾農民狀告政府亂收費的庭審後，與出庭的殘疾農民的留影。後來，他因為揭露中共對婦女強制墮胎、虐殺出生兒和逼死人命的暴行，激怒掌權者。他在 2005 年被誣控犯有故意破壞財物罪和聚眾擾亂交通罪，坐監五十一個月。期間，他的父母親、老婆和女兒被二十四小時監視。女兒生病不能看醫生，更不能去上學。

當陳光誠刑滿釋放後，掌權者雇傭數十名黑社會人員封鎖整個村莊，日夜監視。在一份偷錄而被同情者帶出來的錄影裡，他說，"我從一個小監獄進到一個大監獄。"

149

無法無天（之二）
2011 年 2 月 14 日
山東省臨沂市沂南縣東師古村——陳光誠所在的村莊

這名看守在村口用掃帚攻擊嘗試探訪陳光誠的《紐約時報》記者 Andrew Jacobs 和 Jonathan Ansfield，以及一名攝影師。至少有十二名看守人員以棍棒進行威嚇。他們的照相機記憶卡被沒收、拍攝的錄影內容被抹除、代步車輛受到損毀。

此前，已有多起維權人士、陳光誠的同情者、境外記者和西方外交官受到野蠻的推搡和攻擊。中國政府和外交部對此保持沉默。Andrew Jacobs 質問看守人員的攻擊行為是依據什麼法律，一名看守哼了一聲，理直氣壯地說，"這與法律無關！"

無法無天（之三）

2011 年 2 月 14 日
山東省臨沂市公安局信訪辦

美國《紐約時報》記者 Andrew Jacobs（左一）和 Jonathan Ansfield（左二）在向沂南縣公安局報警得不到理會後，才起來上訪。信訪辦邢姓處長(左三)記錄下他們的名字，然後讓他們到事發地沂南縣公安局等候消息。沒有結果即最終的結果。Andrew Jacobs 說，"這是我在中國的第一次上訪。"

對氣數已盡的中共政權來說，軟禁陳光誠與他的家人、毆打探訪的維權人士、攻擊境外記者和西方外交官，真的與法律無關。難怪《華爾街日報》如是評論中共政權："中國的流氓政府。"

153

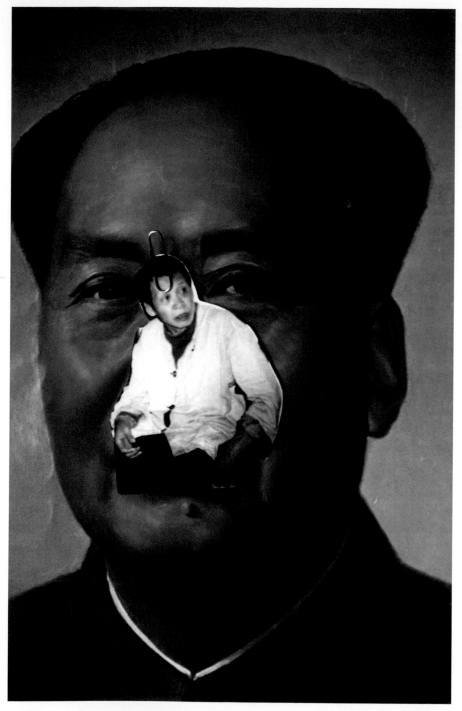

殺人滅口
2004 年 10 月 27 日
廣西壯族自治區玉林市
地主出身的謝洪武,在 1974 年的無產
階級文化大革命中被拘押。在 1996 年
清查超期羈押時被意外發現。公、檢、法
三家,誰也不知他犯了什麼罪。甚至連
案卷也沒有。查證六年,他才得到一紙
公安部門的釋放證明。他不僅健康惡化
而且已失去語言和記憶功能。謝洪武的
親屬要求國家賠償遭拒。謝洪武被執法
者強制送進精神病院"養老送終"。
"無卷宗,無罪名,無判決,無期限。"
《工人日報》哀歎說,"不識字的謝洪
武被公安部門非法羈押二十八年,成為
中國歷史上被非法羈押時間最長的公
民。"

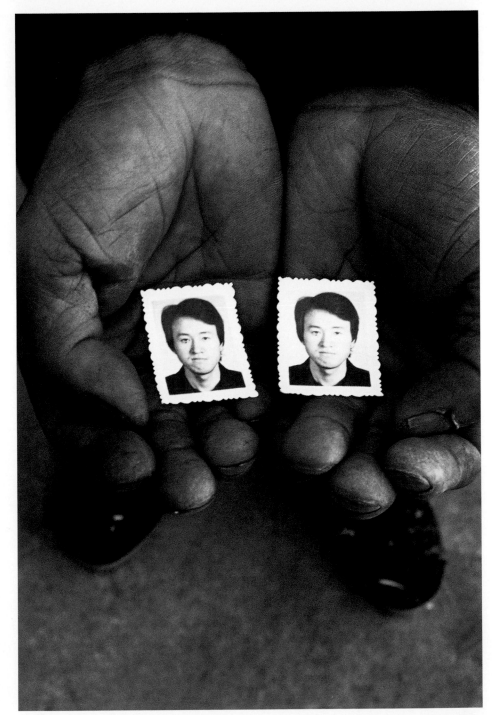

殺人償命,欠債不還錢

2005 年 12 月 21 日
甘肅省甘谷縣尉家溝村

"他殺人是錯的,"56 歲的王立定
手捧兒子王斌餘生前留下的相片
說。"但那是有原因的。"
28 歲的甘肅省農民工王斌余向工
頭討要 8000 元工錢未果。上訪至寧
夏當地勞動保障局和法院。遭工頭
羞辱,還毆打他的弟弟。王斌餘在激
憤中殺死四人,重傷一人。當局對他
的一審、二審和槍決始終在秘密中
執行。五條人命的代價是:他的家人
最後也沒拿到該得的血汗錢。
"我想死,"王斌餘生前在監獄裡說,
"死後就沒有人能剝削我了。"

"有槍還需要上訪二十一年嗎？"
2014 年 8 月 21 日
北京

1993 年 10 月 3 日，我和兩個弟弟以及一個好朋友，去喀什機場附近的山上玩耍，在山腰撿到一個 40 型火箭箭頭，在玩的過程中，火箭頭髮生爆炸，我的 14 歲的弟弟和那個朋友當場死亡，我和 9 歲的弟弟受傷。南疆喀什軍分區、喀什地區政法委、喀什地區公安局等七部門不准我說出爆炸真相，沒有經過我的父母親和我的同意，也沒有家人在手術單上簽字，瞞著我的家人，將我的手腳捆綁，進行麻醉，把我的正常的左眼摘除。現在，我的雙腿裡有鋼釘，左眼失明，右眼視力很差，右耳聾。我從 1995 年開始在喀什上訪。我從 1996 年來北京上訪，現在已來京 68 次，花掉 58 萬元。我因為拒絕接受地方有關部門的 10 萬元賠償，而被勞教兩年。

在 2006 年 6 月 25 日，胡錦濤總書記來我所在的村莊訪問時，全村被包圍。我的奶奶被綁在院子裡，我的父親被手背銬起來，我的母親被用手銬吊起來，我被拉到縣公安局關押，我的 12 歲的妹妹和 9 歲的弟弟被綁在樹上，還把嘴捂住。等胡書記離開之後，我們才自由。上訪二十一年，我們全家 6 人，共被拘留 2210 天。我的父母親在上訪中含恨死去。我沒有得到一分錢的賠償。每次我去北京的信訪辦上訪，都要接受安檢，經常有安檢的警察問我'包裡有槍嗎？'我回答說'有槍還需要上訪二十一年嗎？'

——吐爾遜•吾甫爾，*36 歲，維吾爾族農民，原籍新疆喀什疏勒縣罕南力克鎮博亞克其格勒村 4 組 21 號*

156

提頭上訪

2004 年 6 月 16 日
湖南省慈利縣月亮村

52 歲的吳遠澤和 53 歲的妻子卓奎香,哀悼死去的獨子。他們 21 歲的獨子吳永軍與一女孩談戀愛。後來女孩家人稱:他做了錯事,以服毒自殺來謝罪;而省上的法醫鑒定是死於他殺。

案子未動,但所有證物卻因警方保管不當而毀滅。夫妻倆無奈砍下兒子頭顱作為證據。輾轉三十多次,行程上萬公里,提著兒子的頭顱到北京抗議。但信訪辦從未多看一眼。

夫妻倆不能忍受獨子每到夜深人靜時就鑽進耳朵裡的尖叫:"還我頭來! 為什麼要拿走我的頭呢? "但政府心腸很好:將夫妻倆同時送進勞教所鍛煉身體去了。

找死人上訪

2004 年 2 月 13 日

著名的旅遊勝地——河南省開封市開封府包公祠

活人不解決問題，找死人去了。這名上訪人在銅鑄的死人面前下跪喊冤。死人是一千年前宋朝清正廉潔、嫉惡如仇的官員包拯的銅像。包拯（西元 999 年——西元 1062 年），是距今一千年前宋朝一位懲罰貪官、替上訪人伸冤正義的官員，也是中國文化中法精神的代表者，更是中國傳統法文化中的司法神。

為數不少的上訪人把包拯當作整肅貪官汙吏——中共官員的死刑執行人。他們紛紛給包拯寄來了上訪信、法院判決書和舉報貪腐官員的材料。"您為何不顯靈為我家主持公道呢？"這名手舉上訪材料的上訪人邊叩頭邊抽泣說，"北京已不給上訪人喊冤的地方了。"

160

162

"冤死鬼"

2002 年 12 月 2 日
黑龍江省哈爾濱市街頭

"我是個冤死鬼。" 44 歲的教師張永印哭訴。他說，執法者佔用了他的妻子，還打殘了他的雙腿。每次上訪抗議時，他就身穿自己縫製像冤死鬼穿的白色孝衣，上面寫著他在陽界的屈辱。

他打算向陰界掌管司法的最高統治者閻羅王上訪。他解釋說，"我看不到中國合法的司法系統。"

耀眼奪目的黑暗

2015 年 3 月 3 日
黑龍江省哈爾濱市

這一家人每天像在火焰上燒烤。(從右至左)陳彥喜(41 歲,在監獄裡患上肺結核,上訪中患上心臟病)和他的弟弟陳彥慶(39 歲,在監獄裡患上肺結核與骨結核,被犯人毆打得無法再行走)、母親楊桂珍(64 歲,因小兒麻痹症導致右手和右腳殘疾)和父親陳榮岐(67 歲,天生右眼殘疾)手持中共黨魁習近平與毛澤東、蘇共黨魁史達林和列寧的畫像。畫像上寫著這一家人的訴求:"我們泉(全)家要正意(義),兄弟倆要清白。""以法治人,我們泉(全)家太冤了。""我要家丫(呀),我要自遊(由)。"

在 1997 年 4 月,警察以酷刑逼迫陳彥喜和陳彥慶自認是一起命案的殺人犯和搶劫犯:陳彥喜被判無期徒刑;陳彥慶被判十五年。他們在六年半後得到釋放的原因不是警察、檢察院和法院的法外開恩,而是那起命案的真正兇手被逮捕判刑後卻投進了陳彥喜所在的監室。兄弟倆在監獄裡連續一年的喊冤和請求上訴,才令當局採取行動。兄弟倆共冤獄 4732 天。一家四口人上訪十二年,要求對錯捕錯判的公、檢、法追責,但僅得到一點微薄的經濟補償。

陳彥喜以鐵鏈將自己鎖在哈爾濱市黨委、北京人民大會堂和中共領導人辦公重地中南海門前抗議司法不公,換來的是被訓誡和拘留。他不知道如何才能討回公道。他說,"下輩子,我再也不做人了。"

北京市公安局丰台分局
解除取保候审决定书

京公丰解保 字〔2014〕000458号

被取保候审人___杜斌___，性别_男_，出生日期_1972 年 3_
_月 1 日___住址_山东省郯城县人民路 295 号_____。

我局于___2013年___7__月___8__日起对其执行取保候审，
现因_取保候审期限届满_____，
根据《中华人民共和国刑事诉讼法》第七十七条第二款之规定，
决定予以解除。

二〇一四年　　　　月　　　日

此联交被取保候审人

北京市公安局豐台
分局給杜斌的解除
取保候審決定書。

2013 年 6 月 17 日，杜斌在北京市豐台區看守所接受律師的探視。（浦志強／版權）

息。北京分社的記者打電話,詢問右安門派出所和豐台區看守所,關於我的下落。得到的答復是:《紐約時報》不是我的直系親屬,無權詢問此事。

胡佳帶著我的妹妹,到右安門派出所報案。派出所拒絕交待我的下落。境外傳媒紛紛報導此事。拖到6月12日,派出所終於確認,我已被刑事拘留,是北京市公安局國保總隊辦的案子,我現被關押在豐台區看守所。

與此同時,我的女友,在我住所的桌子上,發現了一張《傳喚書》,還有一張《檢查證》。《傳喚書》上寫著傳喚的罪名:"擾亂公共場所秩序"。

這兩張法律文書上,都沒有我的簽字和按指模。而且,我的朋友們還驚訝地發現,原來三個房間一片狼藉的書籍和物品,都已被收拾擺放整齊了。

這兩份奇怪的法律文書,是如何被送到家裡來的,無人知道。是什麼人把家裡混亂的物品擺放整齊的,也無人知道。

到現在,我已擁有了四個嫌疑罪名:"散佈謠言擾亂公共場所秩序"、"印刷非法出版物"、"尋釁滋事"、"擾亂公共場所秩序"。

6月14日,我的妹妹和家人,都沒收到我被刑事拘留的法律文書《刑事拘留通知書》。而我的案件承辦人張宗棟察對我的妹妹說:"杜斌被刑事拘留的法律文書,在他被刑拘的二十四小時之內,就已經寄給你們了。"

我的妹妹質問道:"都已經十四天了,無論你們寄到哪里去,我們都該收到了。"

張宗棟對此保持沉默。

後來,我知道,負責抓捕、審訊我的國保們,還給我的妹妹施加壓力,稱警察們可以幫助她。讓我的妹妹遠離胡佳和劉華等幫助我聲援的朋友們。

在看守所的羈押中,我的案件承辦人張宗棟親自來到看守所裡,讓我再簽一次傳喚我到右安門派出所訊問後離開的時間,時間朝前推了15分鐘,離開的時間是6月2日淩晨05分,他讓我簽離開的時間是6月1日23時50分。還再次簽署了物品扣押單,依然沒有給我物品扣押清單副本。

我的朋友們幫我的妹妹,為我免費聘請了律師浦志強和周澤。為防止我的妹妹被國保控制,她提前與律師簽署到二審終審。我在香港和日本的朋友,為我籌集聘請律師的費用。

6月15日,我在看守所收到了我的朋友周起財、胡佳、劉華、我的女友和妹妹給我存的近兩千元錢。

6月17日上午,我被提出審訊。兩名審訊者顯得匆忙而又心不在焉。簡單地問了幾個小問題,然後結束審訊。

我注意到,在審訊我的筆錄上,第一次出現了我的案件承辦單位:北京市豐台區公安分局預審大隊第四中隊。之前,筆錄上的案件承辦單位是空白的。

我請求我的案件承辦人張宗棟,是否可以歸還我被國保扣押的信用卡,因為已到還款日期,以便我的家人去幫我還款,否則會影響我的信用記錄。

張宗棟說:"這是你的個人私事,你應該跟你的律師說。"

此時,我才知道,我的家人已為我聘請了律師。

當天下午,我的律師浦志強和周澤與我見面。周澤說,我在境外出版書籍和紀錄片,是憲法賦予的自由,是"出於一個公民對自己國家和民眾的愛與關注"。

浦志強說,國保們給我定的"罪名可笑",我寫書和拍紀錄片在境外出版,根本構不成尋釁滋事罪。可以為我辦理取保候審。

6月25日,我的律師浦志強與我會見,告知我:申請取保候審已被警方拒絕,理由是,我會"串供"和"銷毀證據"。

拒絕的理由荒誕：書是我自己寫的，紀錄片是我一個人拍攝的。書在境外的書店銷售，紀錄片在國際互聯網上掛著。我如何跟自己"串供"和"毀滅證據"呢？

7月1日，我被刑拘的第三十天，我被提出審訊。訊問內容非常簡單，確認我被扣押的書籍、公開的出版物資料、手機、電腦、銀行卡等物品，是否我本人的。然後，審訊匆匆結束。我猜測是補充口供，以便提交給檢察院對我進行公訴。

後來，我才明白，他們最初審訊我，是為了找到我的罪證。當找不到罪證而又無法面對輿論壓力時，他們開始製造讓我不能被批准逮捕的"罪證"。

7月3日，我被刑拘第三十二天，豐台區檢察院兩名女檢察官提訊我，按照法律程式，這是正式逮捕公訴前的例行訊問。

一名女檢察官訓斥我說，我編輯的《天安門屠殺》一書，給"黨和政府抹了黑，造成了極為惡劣的影響"，問我是否認罪。我說："我的書籍和紀錄片都是客觀真實的。我無罪。"

於是，女檢察官寫好筆錄，讓我簽字，然後提訊匆匆結束；緊接著，豐台國保支隊王姓隊長和賀姓國保在審訊室與我見面。王姓隊長笑眯眯地告訴我："今天是專門來跟我聊天的，不錄口供。"

他們與我聊我的出身、社會關係和工作狀況等方面的事情，以及我是否有話要委託他們帶給我的家人。他們對我的回答似乎很滿意，說還會再找我"聊天"。

7月5日，我被刑拘第三十五天，豐台國保支隊王姓隊長和賀姓國保在審訊室再次與我見面。王姓隊長笑眯眯地告訴我："今天不錄口供，不談法律，只代表党跟我聊天。"

王姓隊長告訴我："把你帶到這兒來，是更高級別的領導下的命令，他想知道，你作為一個家庭出身非常好的孩子，怎麼就變成了一個專門挖政府的傷疤的人。"

王姓隊長讚美我說："你是個心地善良的人。""你是個很容易知足的人。""你是個浪漫的人。""你是個知道感恩的人"等等。

王姓隊長問我："你有沒有想推翻中國共產黨的意圖？"

王姓隊長警告我："你做的事，放在過去，你活不過七天。"

他的意思，似乎是要讓我感謝黨和政府的不殺之恩。我回答說："沒錯。要是在無產階級文化大革命中，我保證會被弄死的。"

王姓隊長似乎對我的回答很滿意，高興地走了。走前，他說，還會再找我"聊天"。

7月8日晚上六點二十分，我被刑拘第三十七天，豐台國保支隊王姓隊長為我辦理了取保候審，而我是被豐台區國保支隊副隊長秘密抓捕的。我既沒有見到《取保候審決定書》，也沒有在取保候審決定書上簽字和按指模，更沒有繳納一分錢的保證金。我的案件承辦人把我帶到他的辦公室，向我口頭宣佈了一下取保候審期間的注意事項，並讓我在一張名為"取保候審義務告知書"上簽字，並摁指模。這份告知書的注意事項是空白的。

我被宣佈取保候審。承辦我案的警察張宗棟告訴我："取保候審是豐台區國保支隊好不容易幫你爭取來的，你一定要珍惜。出去後，不要老寫影響政府形象的書籍。"

他警告我說，取保候審的時間是一年。在一年之內必須要老老實實的。離開北京，回山東老家，或者更換手機號碼和住址，都要告訴他們。

我問："你們扣押的我的物品，是否應該歸還給我？"

他答:"我說了不算數,這要請示上面的領導。"

從張宗棟的辦公室出來,豐台區國保支隊王姓隊長和賀姓國保接管了我。他們穿著便衣,笑眯眯地在等我。王姓隊長告訴我:"老杜,你把你穿的內褲扔了吧。我們給你買來了新內褲,是'三槍'牌的。"

王姓隊長笑眯眯地解釋說:"現在你出來了,我們要給你接風洗塵。我們給你買好了換洗的內衣,洗得乾乾淨淨的,吃個飯,然後再送你回家去。"

他們不由分說,開著別克轎車,把我拉到一個高檔洗浴中心,洗浴中心名字叫"巴厘島"。我不清楚每人洗浴價格是多少錢。沐浴完畢。他們殷勤地陪我喝啤酒,吃昂貴的龍蝦和鮑魚。

在買單時,王姓隊長嚴肅地對洗浴中心的值班經理說:"我們是豐台國保支隊的,你轉告你們老闆,以後如果有社會治安問題,可以直接給我們打電話,我們會給你們搞定的。"

王姓隊長在帳單上簽了個字,揚長而去。

王姓隊長和賀姓國保開車把我護送回家了。

在我到家時,我在車上向王姓隊長索要屬於我的、從未給過我的所有的法律文書。他扭扭捏捏地說:"不能給你,給了你,你就會放到網上去。"

最後,他有點不情願地掏出一張紙回應我的請求。這張紙是我在我的案件承辦人張宗棟的辦公室簽署名字並按指模的《取保候審義務告知書》,告知書上的注意事項依舊是空白的。等於說,在告知書上,只有我被宣佈取保候審時的簽名和指膜能證明這張紙跟我有關。王姓隊長說:"這個都還不想給你呢,怕你把它發到網路上。"

4

我被取保候審是荒謬和奇怪的:我的律師辦理取保候審遭到拒絕;帶隊抓捕我的人是豐台區國保支隊副隊長柴嶽,而為我提供金錢擔保的是豐台區國保支隊王姓隊長。

從我被秘密抓捕到辦理取保候審,豐台區國保支隊一直扣押著我的身份證、護照、港澳通行證、銀行卡、信用卡、手機、電腦等物品,既沒有給我物品扣押清單,甚至連一份法律文書也拒絕給我。我好像被從生命中被無緣無故地抽走了三十七天。

我致電負責跟我聯絡的賀姓國保,向他索要物品扣押清單和所有的法律文書,這名國保稱:"你在取保候審階段,辦案機關是有權力扣押你的物品的。"

官方對《天安門屠殺》一書,似乎已有了定論。

在我從看守所出來後,代表中國政府給我接風洗塵的豐台區國保支隊王姓隊長,他告訴我說:"你的《天安門屠殺》有一點不好。"

我問:"是哪一點不好呢？"

他答,語氣裡有很多的抱怨:"書太厚了,像磚頭一樣沉重。讀起來很累人。"

5

2014年7月8日,為期一年的取保候審結束。

在取保候審結束的第二天,我致電負責與我聯絡的賀姓國保:我為期一年的取保候審已經結束了。是否該歸還屬於我的所有的法律文書和被扣押的物品。

他自稱:"正在外地出差,等回到北京會與我聯絡。"

我等了一個月時間,也沒接到他的電話。我再次撥打他的電話,電話語音提示說:他的電話已停機了。

我致電豐台區國保支隊,接電話的值班員稱:負責我的案件的王姓隊長、柴岳副隊長和賀姓國保,"都已調離,沒有他們的聯絡電話"。

我到右安門派出所,尋找抓捕我時協助國保執法的警察李強和劉洋。派出所值班員說:"這兩人已調離,沒有聯絡電話。"

我多次致電豐台國保支隊,接電話的值班員不是稱"領導正在研究",就是稱"領導正在開會"。

後來,值班員告訴我說:我應該去找我的案件承辦人張宗棟"去索要法律文書和扣押物品"。

6

我的案件承辦人張宗棟告訴我說:他"主管我的案子"。

關於我的《刑事拘留通知書》,張宗棟說,他已郵寄到我的戶籍所在地的派出所了。

我告訴張宗棟,我的家人只收到一張我被投入看守所體檢時留下的證件照的打印紙,根本沒有《刑事拘留通知書》。

張宗棟說,他"依法郵寄"出了。至於為何沒收到《刑事拘留通知書》的原因,我只能去問我的戶籍所在地派出所。

關於張宗棟為何要在看守所裡讓我第二次簽署《物品扣押單》,以及為何要更改物品扣押單上的簽字時間。他否認曾經讓我簽署過《物品扣押單》。

關於我的《取保候審決定書》,張宗棟說,他在看守所親手交給我了。我請他"憑著自己的良心起誓",他是否真的將《取保候審決定書》給我了。他遲疑片刻,拒絕起誓,因為他在給我攝像,而我則在給他說的話錄音。

我問張宗棟,我的取保候審已經結束三十八天了,我的取保候審是否已經被解除? 他說,我已經被解除了取保候審。我問他索要《解除取保候審通知書》。他說,他電話聯繫不到我,已經依法郵寄我的戶籍所在地派出所了。

但我的戶籍所在地派出所稱,沒有收到過。

在我取保候審結束的第四十六天,我的戶籍所在地派出所稱,他們終於收到了我的《解除取保候審通知書》。但我必須親自回到山東省的戶籍所在地派出所簽署名字,才能將這份遲到的《解除取保候審通知書》交給我。

而我面臨的問題是,我的身份證件等重要物品仍被扣押在警方手裡,沒有證件,我無法外出旅行回到原籍。

7

如果我的取保候審已經解除,那麼這就意味著我已經是個無罪的自由人了。

我問我的案件承辦人張宗棟索要我的被扣押的物品。我都無罪,我被扣押的物品,也不可能有罪了。

但是,張宗棟稱不能歸還給我。他說:"扣押物品還不能給你,因為你仍被立案偵查中。"

中國公民 杜斌
2014 年 9 月 9 日

杜斌，1972 年 3 月 1 日生于山东省郯城县。作家，纪录片制作人，曾为中国记者和《纽约时报》签约摄影师。新闻作品发布在美国《纽约时报》、《时代》杂志、英国《卫报》、德国《明星》画报等西方主流传媒。生活和工作在北京。据北京国内安全保卫警察称，他被中共高层官员视为一个"专门挖政府伤疤的人"。

作品
《上访者：中国以法治国下幸存的活化石》（2007 年）
《上海 骷髅地》（2010 年）
《北京的鬼》（2010 年）
《牙刷：红色星球上人类最后的进化》（2011 年）
《毛主席的炼狱》（2011 年）
《艾神：反叛艺术家艾未未的维权传记》（2012 年）
《毛泽东的人肉政权》（2013 年）
《天安门屠杀》（2013 年）
《阴道昏迷：马三家女子劳教所的酷刑幸存者证词》（2014 年）
《马三家咆哮：从东半球到西半球的墓志铭》（2014 年）